地球新発見の旅

What am I feeling here ?

にっぽん
神社とお寺の旅

Shrines and Temples with Scenic Views in Japan

絶景の
達人
太鼓判

祈

出羽三山神社（出羽神社）➡P.148

Contents にっぽん 神社とお寺の旅

▶本書をお使いになる前に

本書に掲載されている情報は2015年6～8月に調査・確認したものです。出版後に掲載寺社などの拝観時間、各種料金や交通情報、地図情報などが変更になる場合があります。おでかけの前には、最新の情報をご確認ください。掲載内容には万全を期しておりますが、本書の掲載情報による損失、および個人的トラブルに関しては、弊社では一切の責任を負いかねますので、あらかじめご了承ください。

▶データの見方

[TEL] 電話番号　[所在地] 寺社のある場所
[アクセス] 最寄りの主要な駅・バス停などからの交通手段と所要時間の目安　[時間] 拝観可能な時間
[休] 休日。原則として定休日のみ表示。
[料金] 大人1人あたりの拝観料
[URL] 公式HPのURL

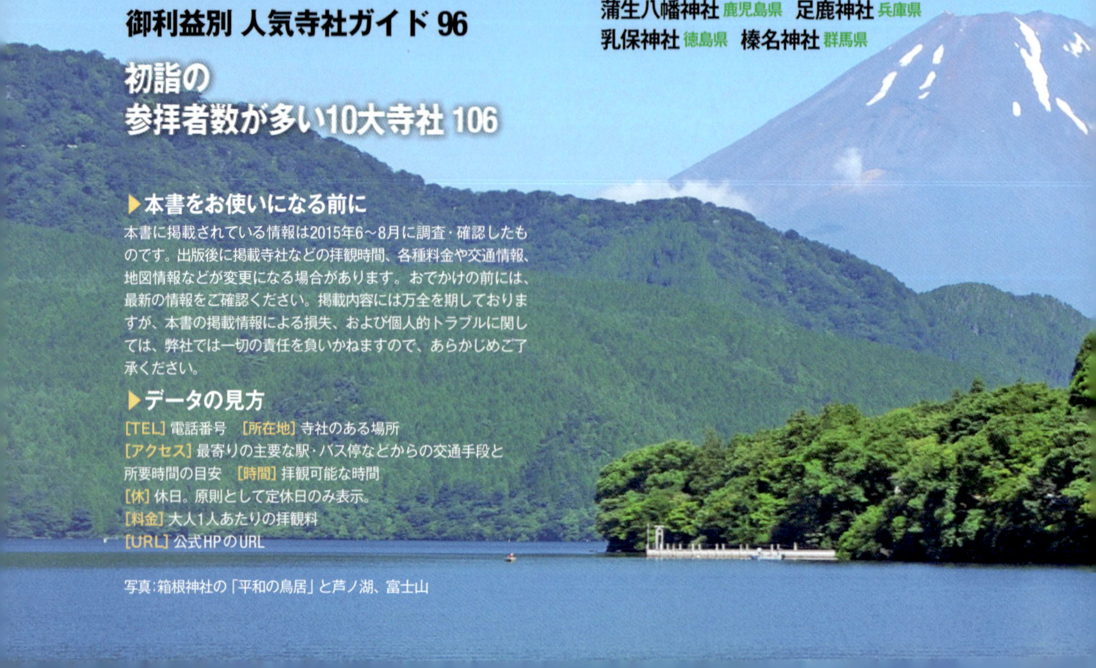

写真:箱根神社の「平和の鳥居」と芦ノ湖、富士山

特別付録
切り取り
御朱印帳

どの神社仏閣に行こうか？

にっぽん 神社とお寺MAP

～東日本編～

⛩ 神社　卍 寺院　祭 祭り

関東・甲信越

8 笠間稲荷神社 →P.100 ⛩

9 大洗磯前神社 →P.122 ⛩

10 日光東照宮 →P.78 ⛩

11 榛名神社 →P.151 ⛩

12 川越氷川神社 →P.98 ⛩

13 氷川神社 →P.107 ⛩

14 ワット・パクナム日本別院 →P.183 卍

15 成田山新勝寺 →P.106 卍

16 本土寺 →P.20 卍

17 三社祭 →P.203 祭

18 浅草寺 →P.72/107 卍

19 湯島天満宮 →P.102 ⛩

20 神田神社（神田明神） →P.101 ⛩

21 神田祭 →P.203 祭

22 東京大神宮 →P.97 ⛩

23 市谷亀岡八幡宮 →P.105 ⛩

24 皆中稲荷神社 →P.104 ⛩

25 明治神宮 →P.22/106 ⛩

26 築地本願寺 →P.182 卍

27 密厳院・お七地蔵 →P.97 卍

28 塩船観音寺 →P.18 卍

29 川崎大師（平間寺） →P.106 卍

30 明月院 →P.20 卍

31 報国寺 →P.198 卍

32 鶴岡八幡宮 →P.106 ⛩

33 江島神社中津宮 →P.104 ⛩

34 箱根神社 →P.110 ⛩

35 吉田の火祭り →P.204 祭

36 久遠寺 →P.17 卍

37 釈尊寺（布引観音） →P.162 卍

38 糸魚川けんか祭り →P.207 祭

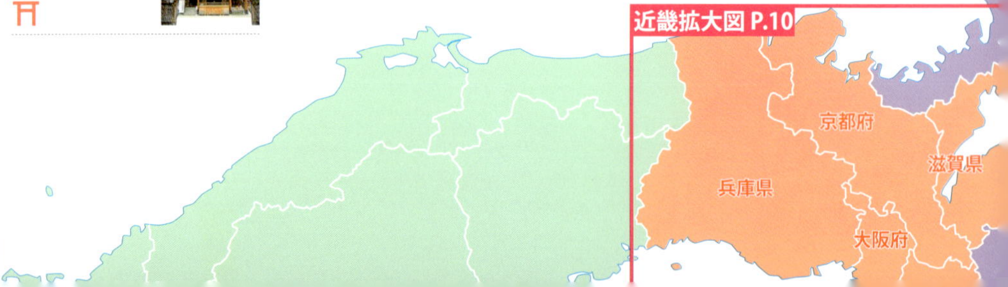
近畿拡大図 P.10
京都府
滋賀県
兵庫県
大阪府

東北

1 **恐山 菩提寺**
→P.167
卍

2 **毛越寺**
→P.22/184
卍

3 **塩竈みなと祭**
→P.208
祭

4 **なまはげ柴灯まつり**
→P.209
祭

5 **出羽三山神社（出羽神社）**
→P.148
⛩

6 **出羽三山神社（月山神社）**
→P.132
⛩

7 **立石寺（山寺）**
→P.152
卍

東海・北陸

39 **雄山神社**
→P.144
⛩

40 **青柏祭**
→P.206
祭

41 **氣多大社**
→P.98
⛩

42 **白山比咩神社**
→P.140
⛩

43 **那谷寺**
→P.27
卍

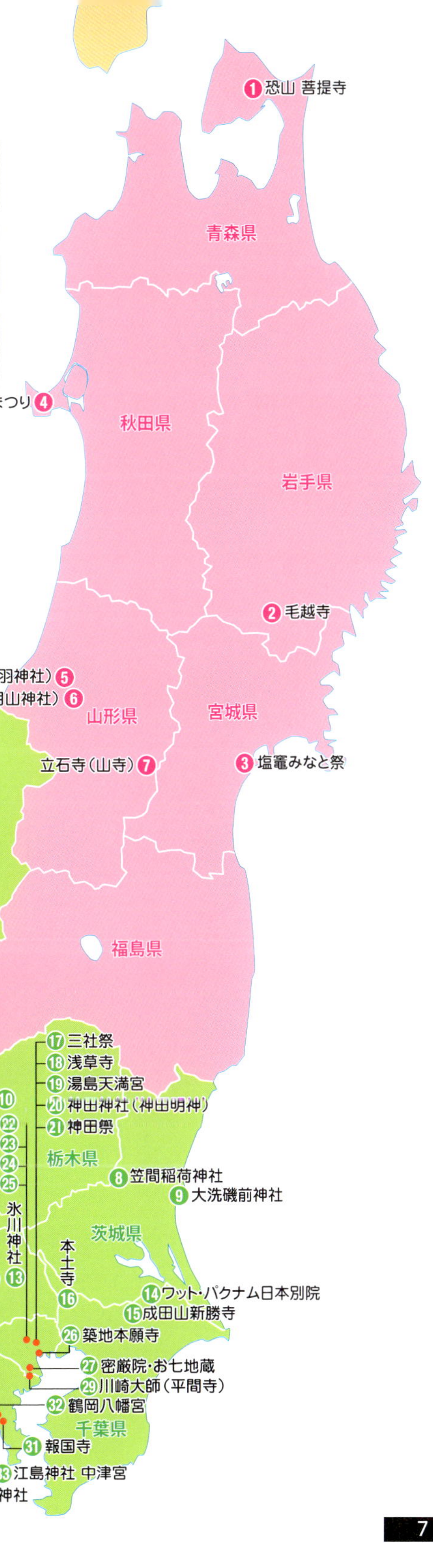
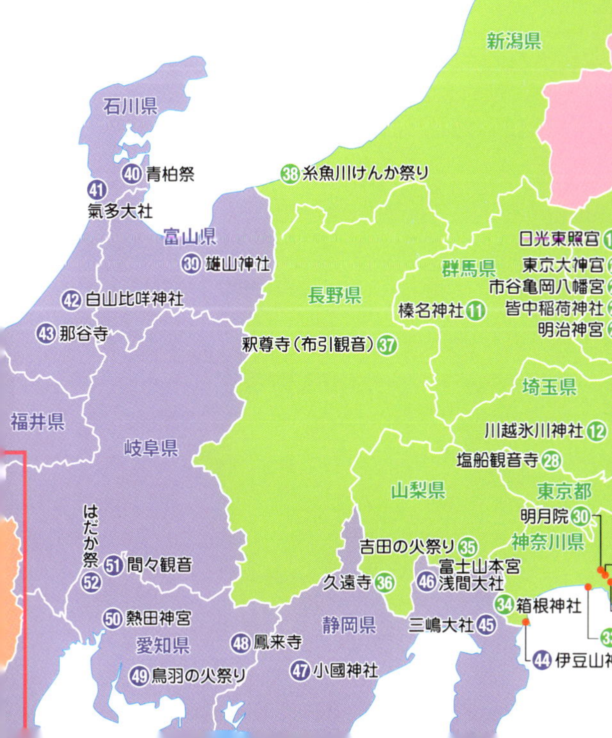

1 恐山 菩提寺
青森県
なまはげ柴灯まつり 4
秋田県
岩手県
2 毛越寺
出羽三山神社（出羽神社） 5
出羽三山神社（月山神社） 6
山形県
宮城県
立石寺（山寺） 7
3 塩竈みなと祭
新潟県
福島県
石川県
40 青柏祭
41
氣多大社
富山県
39 雄山神社
42 白山比咩神社
43 那谷寺
福井県
岐阜県
38 糸魚川けんか祭り
17 三社祭
18 浅草寺
19 湯島天満宮
20 神田神社（神田明神）
21 神田祭
日光東照宮 10
群馬県
東京大神宮 22
市谷亀岡八幡宮 23
皆中稲荷神社 24
明治神宮 25
長野県
榛名神社 11
栃木県
8 笠間稲荷神社
9 大洗磯前神社
釈尊寺（布引観音） 37
氷川神社
埼玉県
茨城県
本土寺
川越氷川神社 12 13
14 ワット・パクナム日本別院
16
15 成田山新勝寺
塩船観音寺 28
山梨県
東京都
26 築地本願寺
明月院 30
27 密厳院・お七地蔵
はだか祭
吉田の火祭り 35
神奈川県
29 川崎大師（平間寺）
51 間々観音
52
富士山本宮
32 鶴岡八幡宮
久遠寺 36
46 浅間大社
千葉県
34 箱根神社
31 報国寺
50 熱田神宮
静岡県
三嶋大社 45
愛知県
48 鳳来寺
33 江島神社 中津宮
44 伊豆山神社
47 小國神社
49 鳥羽の火祭り

どの神社仏閣に行こうか?

にっぽん 神社とお寺MAP

～西日本編～

神社　寺院　祭り

九州・沖縄

71 太宰府天満宮 →P.30/102/107

77 火振り神事 →P.204

81 蒲生八幡神社 →P.150

72 水田天満宮末社 恋木神社 →P.99

78 宇佐神宮 →P.100

82 松原神社 →P.104

73 大興善寺 →P.19

79 高千穂神社 →P.99

74 宝当神社 →P.105

80 青島神社 →P.118

75 祐徳稲荷神社 →P.100

76 崇福寺 →P.183

九州・沖縄

83 波上宮 →P.114

中国・四国

62 厳島神社 →P.34

63 管絃祭 →P.208

64 防府天満宮 →P.103

65 元乃隅稲成神社 →P.124

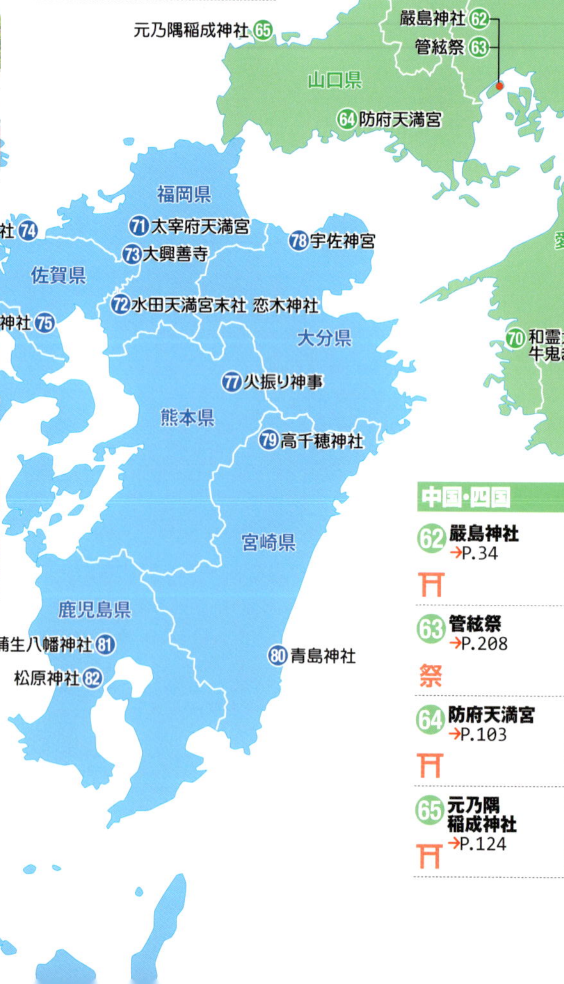

出雲大社 59
八重垣神社 58
金持神社 57
島根県
広島県
厳島神社 62
管絃祭 63
元乃隅稲成神社 65
山口県
千光寺 61
64 防府天満宮
石鎚神社 69
愛媛県
高知県
70 和霊大祭・うわじま牛鬼まつり
福岡県
71 太宰府天満宮
73 大興善寺
宝当神社 74
78 宇佐神宮
佐賀県
72 水田天満宮末社 恋木神社
祐徳稲荷神社 75
大分県
長崎県
77 火振り神事
崇福寺 76
熊本県
79 高千穂神社
宮崎県
鹿児島県
蒲生八幡神社 81
松原神社 82
80 青島神社
沖縄県
83 波上宮

中国・四国

56 **三徳山三佛寺** →P.156 卍

59 **出雲大社** →P.90 ⛩

57 **金持神社** →P.101 ⛩

60 **西大寺会陽** →P.207 祭

58 **八重垣神社** →P.99 ⛩

61 **千光寺** →P.200 卍

近畿拡大図 P.10
富山県
福井県
岐阜県
鳥取県
56 三徳山三佛寺
岡山県
西大寺会陽 60
釈迦寺
香川県
刀比羅宮
徳島県
66 乳保神社
兵庫県
京都府
滋賀県
大阪府
奈良県
和歌山県
花の窟神社 55
三重県
54 伊勢神宮
53 結城神社
間々観音 51
はだか祭 52
50 熱田神宮
愛知県
48 鳳来寺
49 鳥羽の火祭り
47 小國神社
静岡県
富士山本宮浅間大社 46
三嶋大社 45
44 伊豆山神社

中国・四国

66 **乳保神社** →P.151 ⛩

67 **金刀比羅宮** →P.149 ⛩

68 **出釋迦寺** →P.164 卍

69 **石鎚神社** →P.136 ⛩

70 **和霊大祭・うわじま牛鬼まつり** 祭 →P.209

東海・北陸

44 **伊豆山神社** →P.98 ⛩

45 **三嶋大社** →P.101 ⛩

46 **富士山本宮浅間大社** ⛩ →P.46

47 **小國神社** →P.23 ⛩

48 **鳳来寺** →P.160 卍

49 **鳥羽の火祭り** →P.204 祭

50 **熱田神宮** →P.107 ⛩

51 **間々観音** →P.105 卍

52 **はだか祭** →P.207 祭

53 **結城神社** →P.31 ⛩

54 **伊勢神宮** →P.64 ⛩

55 **花の窟神社** →P.129 ⛩

どの神社仏閣に行こうか？

にっぽん 神社とお寺MAP

～近畿編～

神社
寺院
祭 祭り
88 成相寺
89 智恩寺
92 貴船神社
93 鞍馬の火祭
滋賀県
京都府
今宮神社 108
94 相生社（下鴨神社内）
足鹿神社 127
金閣寺 109
85 白鬚神社
北野天満宮 107
86 比叡山 延暦寺
龍安寺 110
95 金戒光明寺
永源寺 84
仁和寺 111
87 日吉大社
天龍寺 112
98 平安神宮
法輪寺 電電宮 113
96 永観堂（禅林寺）
97 南禅寺
善峯寺 117
99 祇園祭
兵庫県
100 高台寺
西芳寺（苔寺）114
101 安井金比羅宮
大阪天満宮 120
鈴虫寺 115
102 清水寺
天神祭 121
地蔵院 116
90 随心院
飛行神社 119
91 醍醐寺
生田神社 126
東寺（教王護国寺）106
118 三室戸寺
東福寺 103
130 法隆寺
今宮戎神社 122
泉涌寺 104
128 東大寺
伏見稲荷大社 105
129 興福寺
住吉大社 124
愛染堂勝鬘院 123
長岳寺 132
131 室生寺
岸和田だんじり祭 125
大阪府
安倍文殊院 135
133 長谷寺
大神神社 134
136 金峯山寺
高野山 金剛峯寺 137
奈良県
和歌山県
138 神倉神社
139 飛瀧神社（那智の滝）
140 那智の扇祭り

近畿

84 永源寺
→P.29
卍

85 白鬚神社
→P.126

86 比叡山 延暦寺
→P.167
卍

87 日吉大社
→P.29

88 成相寺
→P.201
卍

89 智恩寺
→P.103
卍

90 随心院
→P.30/177
卍

91 醍醐寺
→P.16/174
卍

92 貴船神社
→P.32/96

93 鞍馬の火祭
→P.205
祭

94 相生社（下鴨神社内）
→P.97

95 金戒光明寺
→P.103
卍

近畿

96 永観堂（禅林寺）
→P.26
卍

97 南禅寺
→P.14/196
卍

98 平安神宮
→P.17
⛩

99 祇園祭
→P.202
祭

100 高台寺
→P.28/45
卍

101 安井金比羅宮
→P.44/97
⛩

102 清水寺
→P.40
卍

103 東福寺
→P.24/57
卍

104 泉涌寺
→P.57/96
卍

105 伏見稲荷大社
→P.52/100/106
⛩

106 東寺（教王護国寺）
→P.180
卍

107 北野天満宮
→P.31/63/102
⛩

108 今宮神社
→P.96
⛩

109 金閣寺
→P.32/58
卍

110 龍安寺
→P.62/194
卍

111 仁和寺
→P.15/62
卍

112 天龍寺
→P.188
卍

113 法輪寺 電電宮
→P.105
⛩

114 西芳寺（苔寺）
→P.192
卍

115 鈴虫寺
→P.96
卍

116 地蔵院
→P.199
卍

117 善峯寺
→P.21
卍

118 三室戸寺
→P.21
卍

119 飛行神社
→P.104
⛩

120 大阪天満宮
→P.102
⛩

121 天神祭
→P.208
祭

122 今宮戎神社
→P.101
⛩

123 愛染堂勝鬘院
→P.98
卍

124 住吉大社
→P.107
⛩

125 岸和田だんじり祭
→P.206
祭

126 生田神社
→P.99
⛩

127 足鹿神社
→P.150
⛩

128 東大寺
→P.84
卍

129 興福寺
→P.88/178
卍

130 法隆寺
→P.168
卍

131 室生寺
→P.33/172
卍

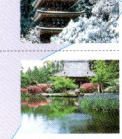

132 長岳寺
→P.18
卍

133 長谷寺
→P.27
卍

134 大神神社
→P.128
⛩

135 安倍文殊院
→P.103
卍

136 金峯山寺
→P.12
卍

137 高野山金剛峯寺
→P.166
卍

138 神倉神社
→P.131
⛩

139 飛瀧神社（那智の滝）
→P.130
⛩

140 那智の扇祭り
→P.205
祭

花と紅葉の絶景寺社

古くから自然に寄り添うようにして
築かれてきた日本の神社やお寺。
花の盛りに見せる美しい姿や、
錦秋にたたずむ風情は格別だ。
四季の絶景を目に焼き付けたい。

桜

御神木の桜が吉野を染める

金峯山寺《きんぷせんじ》

古くからの桜の名所・吉野山。その尾根伝いに建つ、役小角が奈良時代に創建した修験道の総本山。春には約3万本の山桜に包まれる。

[TEL] 0746-32-8371　[所在地] 奈良県吉野郡吉野町吉野山2500

見頃 4月上旬～下旬

桜

桜と頑健な三門との競演

南禅寺《なんぜんじ》

鎌倉時代の亀山法皇の離宮が前身。日本三大門のひとつである三門、国宝の方丈、法堂などの名建築の周辺に約200本の桜が咲く。紅葉も魅力的。

[TEL]075-771-0365　[所在地]京都府京都市左京区南禅寺福地町

見頃 4月上旬～中旬

➡P.196

花と紅葉の絶景寺社

京の春を締めくくる御室桜

仁和寺《にんなじ》

平安時代に宇多天皇が創建した真言宗御室派総本山。中門内の西側には遅咲きの御室桜の林があり、五重塔を背景に可憐な花が咲く。

[TEL]075-461-1155　[所在地]京都府京都市右京区御室大内33

見頃 4月上旬～中旬

花と紅葉の絶景寺社

「花の醍醐」と謳われる名所

醍醐寺《だいごじ》

平安前期の創建で、醍醐全山が寺域。豊臣秀吉が盛大な醍醐の花見を催した。八重桜や大紅しだれ、山桜と約1000本が多彩に咲く。

[TEL] 075-571-0002　[所在地] 京都府京都市伏見区醍醐東大路町22

見頃 3月下旬～4月上旬 ➡P.174

桜

優雅で迫力あるしだれ桜

久遠寺《くおんじ》

鎌倉時代に日蓮上人が開闢した聖地であり、日蓮宗の総本山。樹齢400年以上という2本の立派なしだれ桜が寺の歴史と威厳を物語る。

[TEL] 0556-62-1011　[所在地] 山梨県南巨摩郡身延町身延3567

見頃 3月下旬～4月上旬

朱と緑の社殿に映える

平安神宮《へいあんじんぐう》

1895(明治28)年に平安遷都1100年を記念して創建。神苑に鮮やかな紅しだれ桜が咲くと、ライトアップやイベントで境内も華やぐ。

[TEL] 075-761-0221　[所在地] 京都府京都市左京区岡崎西天王町

見頃 3月下旬～4月中旬

花と紅葉の絶景寺社

丸々とした鮮やかな春色

塩船観音寺《しおふねかんのんじ》

飛鳥時代の開山と伝わる真言宗醍醐派の別格本山。春になると堂宇を取り囲む斜面全体がピンクや紫色のツツジの花々に覆われる。

[TEL]0428-22-6677

[所在地]東京都青梅市塩船194

見頃▶ 4月中旬～5月上旬

※現在は写真にあるようなテーブルや椅子の設置は行なっていません

豪華絢爛な大輪のツツジ

長岳寺《ちょうがくじ》

弘法大師が824（天長元）年に創建。日本最古の鐘楼門がある。広大な境内に約1000株の平戸つつじが咲く。カキツバタや紅葉も見事。

[TEL]0743-66-1051

[所在地]奈良県天理市柳本町508

見頃▶ 4月下旬～5月上旬

ツツジ

圧巻の規模を誇るつつじ園

大興善寺《だいこうぜんじ》

奈良時代初期に行基が結んだ草庵が起源。大正末期につつじ園が造られ始め、今では約5万株が咲き乱れる自慢のつつじ寺となった。

[TEL]0942-92-2627

[所在地]佐賀県基山町園部3628

見頃 4月中旬～5月上旬

アジサイ

鎌倉で人気のあじさい寺

明月院《めいげついん》

北条時宗が創建した禅興寺の塔頭だったが、禅興寺は廃寺となった。日本古来のヒメアジサイが多く、小ぶりな青い花が梅雨にひき立つ。

[TEL] 0467-24-3437　[所在地] 神奈川県鎌倉市山ノ内189

見頃 ▶ 6月中旬～下旬

ハナショウブも楽しめる

本土寺《ほんどじ》

日蓮聖人の複数の門弟を輩出した平賀家の屋敷跡に建つ日蓮宗寺院。6月には5000本のハナショウブと5万本のアジサイで境内は華やか。

[TEL] 047-346-2121

[所在地] 千葉県松戸市平賀63

見頃 ▶ 5月下旬～6月下旬

花と紅葉の絶景寺社

季節の花々に包まれる山寺

善峯寺《よしみねでら》

平安中期創建の京都市街を見下ろす山寺。約3万坪の境内は回遊式庭園になっており、初夏にはあじさい苑の斜面がカラフルに染まる。

[TEL]075-331-0020 [所在地]京都府京都市西京区大原野小塩町1372 見頃 6月中旬～7月上旬

幻想的なライトアップも

三室戸寺《みむろとじ》

約1200年の歴史を持つ寺。5000坪の大庭園には春のツツジに続いて1万株のアジサイが花開く。稀少種の七段花など種類も豊富だ。

[TEL]0774-21-2067

[所在地]京都府宇治市莵道滋賀谷21 見頃 6月上旬～7月上旬

江戸系など1500株が咲く

明治神宮《めいじじんぐう》

明治天皇と昭憲皇太后を祀り、1920(大正9)年に創建。武蔵野の昔ながらの自然風景が残る御苑では、清正井の湧水が菖蒲田を潤す。

[TEL] 03-3379-5511　[所在地] 東京都渋谷区代々木神園町1-1

見頃 6月上旬～下旬

➡P.106

浄土の庭に咲く古風な花

毛越寺《もうつうじ》

平安時代の伽藍の遺構が残る国の特別史跡・特別名勝。浄土庭園中央の大泉が池の水辺に300種3万株が咲き、あやめまつりも開催。

[TEL] 0191-46-2331　[所在地] 岩手県西磐井郡平泉町大沢58

見頃 6月下旬～7月中旬

➡P.184

ハナショウブ

40万本の大乱舞を楽しむ

小國神社《おくにじんじゃ》

1400余年の歴史を持つとされ、大己貴命を祀る。約30万坪の鬱蒼とした森に包まれ、花菖蒲園では約130種40万本が咲き競う。

[TEL] 0538-89-7302　[所在地] 静岡県周智郡森町一宮3956-1

見頃 ▶ 5月下旬～6月中旬

紅葉

秋の渓谷を真っ赤に染める

東福寺《とうふくじ》

東山山麓の広大な寺域に多くの堂宇が点在。渓谷の洗玉澗を約2000本のカエデが赤一色に覆う絶景は、通天橋から眺められる。

[TEL]075-561-0087　[所在地]京都府京都市東山区本町15-778

見頃 11月中旬～12月上旬

花と紅葉の絶景寺社

紅葉

約3000本のもみじが色づく

永観堂《えいかんどう》（禅林寺《ぜんりんじ》）

平安初期の創建で正式名は禅林寺。斜面の岩垣もみじ、放生池周辺など境内の秋景色は多様。11月上旬～12月上旬にはライトアップも。

[TEL] 075-761-0007　[所在地] 京都府京都市左京区永観堂町48

見頃 11月中旬～下旬

石段の床もみじも風情あり

長谷寺《はせでら》

奈良時代創建と伝わる。初瀬山中腹の舞台造りの本堂は眺望抜群。四季を通して美しい「花の御寺」と称され、秋には紅葉に包まれる。

[TEL] 0744-47-7001
[所在地] 奈良県桜井市初瀬731-1
見頃 10月中旬～12月上旬

水墨画世界に色づく紅葉

那谷寺《なたでら》

奈良時代初期創建とされる高野山真言宗別格本山。奇岩遊仙境と称される境内には岩窟も見られ、紅葉と岩肌が野趣満点の風情。

[TEL] 0761-65-2111 [所在地] 石川県小松市那谷町ユ122
見頃 11月上旬～下旬

紅葉

臥龍池や庭園がより優雅に

高台寺《こうだいじ》

北政所(ねね)が夫・秀吉の菩提を弔うため江戸初期に創建。小堀遠州作の庭園を紅葉が染める風景は方丈から。まさに一幅の絵だ。

[TEL]075-561-9966　[所在地]京都府京都市東山区高台寺下河原町526　見頃 11月中旬～12月上旬

花と紅葉の絶景寺社

古くから有名なもみじの里

永源寺《えいけんじ》

愛知川右岸に建つ臨済宗永源寺派大本山。11月には境内の山もみじが木造建築を包み込み、ライトアップや観楓茶席などが催される。

[TEL] 0748-27-0016　[所在地] 滋賀県東近江市永源寺高野町41

見頃 11月中旬～下旬

関西屈指の紅葉の名所

日吉大社《ひよしたいしゃ》

比叡山麓で2100年の歴史を有し、全国の日吉・日枝・山王神社の総本宮。約3000本のもみじが育ち、参道にオレンジのトンネルが連なる。

[TEL] 077-578-0009

[所在地] 滋賀県大津市坂本5-1-1

見頃 11月中旬～12月上旬

梅

飛梅で有名な屈指の名所

太宰府天満宮《ださいふてんまんぐう》

菅原道真公の墓所の上に、平安前期に創建。道真公を慕い一夜で飛んできたという飛梅を皮切りに、約200種6000本が境内を彩る。

[TEL]092-922-8225
[所在地]福岡県太宰府市宰府4-7-1
見頃 1月下旬～3月上旬

➡P.102・107

小町ゆかりの寺に咲く紅梅

随心院《ずいしんいん》

小町化粧井戸など、小野小町が晩年を過ごしたと伝わる。小野梅園に咲く八重の紅梅「はねずの梅」が有名。開花期の3月、小野小町伝説由来のはねず踊りが披露される。

[TEL]075-571-0025 [所在地]京都府京都市山科区小野御霊町35
見頃 3月上旬～下旬

華麗でしとやかなしだれ梅

結城神社《ゆうきじんじゃ》

後醍醐天皇の「建武の新政」に貢献した武将・結城宗広公を祀る。約300本のしだれ梅の花が頭上から降り注ぐ光景はじつに華やかだ。

[TEL]059-228-4806
[所在地]三重県津市藤方2341
見頃 2月中旬～3月中旬

見頃の2月25日は梅花祭

北野天満宮《きたのてんまんぐう》

平安中期の創建で、菅原道真公を祀る全国の天満宮・天神社の総本社。梅苑は2月初旬頃に公開。和魂梅、黒梅などの珍種も多い。

[TEL]075-461-0005 [所在地]京都府京都市上京区馬喰町
見頃 2月上旬～3月下旬 →P.102

雪景色が美しい寺社

限られたタイミングでしか見ることができない寺社の雪化粧。白銀の世界に包まれると、あでやかな姿はいっそうひき立ち、またおごそかなたたずまいはさらに荘厳さを増す。

穢れを覆い尽くす銀世界

貴船神社《きふねじんじゃ》

貴船川の岸辺に建ち、水神様を祀る。緑の境内も冬は純白の世界に。積雪日限定のライトアップでは、雪化粧をした木々も照らされる。

[TEL] 075-741-2016　[所在地] 京都府京都市左京区鞍馬貴船町180

➡P.96

白と金が魅せる美の調和

金閣寺《きんかくじ》

足利義満の豪勢な山荘が前身の禅寺。近年では京都の積雪は珍しいだけに、美しく雪化粧した金閣に出会えたときの感動はひとしおだ。

[TEL] 075-461-0013　[所在地] 京都府京都市北区金閣寺町1 ➡P.58

年に数回だけの侘び景色

室生寺《むろうじ》

古く女性の参詣が許されたため、女人高野と呼ばれる真言密教寺院。樹木や五重塔にうっすらと雪が積もれば、いっそう厳粛な雰囲気に。

[TEL] 0745-93-2003　[所在地] 奈良県宇陀市室生78

➡P.172

にっぽん 10大絶景寺社

日本はもちろん、世界にもその名を
知られる有名寺社をご紹介。
見事なロケーションや建築は、
その由緒を紐解いてみると
より興味深く眺めることができる。

紺碧と緑に映える朱塗り建築
海上に浮かぶようなこの世の竜宮城

1 嚴島神社《いつくしまじんじゃ》

沖合に浮かぶように建つ朱塗りの大鳥居は宮島を象徴する風景。間近で眺めると、その大きさに圧倒される

自然と建築物の調和が生む日本美
神の島に平清盛が築いた海の社殿

古来「神の島」とあがめられた宮島に、神社が創建されたのは1400年以上前の推古天皇の時代。地元の有力者の佐伯鞍職《さえきのくらもと》が、593(推古天皇元)年に創建したとされる。以来、時の武将や公家らの信仰は篤く、1168(仁安3)年には平清盛によって、現在の雅やかな社殿に修造された。平安貴族の邸宅を思わせる寝殿造りの社殿は荘厳にして風雅。沖合の大鳥居とともに海上に建ち、潮の満ち引きで刻々と風景を変える。その神聖な姿は「竜宮城」や「極楽浄土」にも例えられる。背後の弥山《みせん》の緑、瀬戸内の紺碧の海と朱色の社殿が織りなす景観美は日本三景のひとつに選ばれ、1996(平成9)年に世界遺産に登録された。

キーワード

▶**平清盛** 平安末期の武将。厳島神社を建立後、次々と出世して武士から太政大臣に上りつめ、平氏は隆盛を極めた。

▶**寝殿造り** 平安時代の貴族の住宅様式。主建築の寝殿の左右に建物を配し、それらを廻廊が結ぶ。京都御所も同様。

御祭神 市杵島姫命《いちきしまひめのみこと》、田心姫命《たごりひめのみこと》、湍津姫命《たきつひめのみこと》

御利益 家内安全、商業繁栄、必勝祈願、試験合格など

[TEL] 0829-44-2020
[所在地] 広島県廿日市市宮島町1-1
[アクセス] JR宮島口駅から徒歩5分、宮島口桟橋でフェリーに乗船し10分、宮島桟橋で下船し、徒歩15分
[時間] 6:30～18:00(時期により変動あり) [休] 無休
[料金] 300円

注目の行事

4月15日 桃花祭 とうかさい
桃の花を祭神に供え、高舞台で11の舞楽を奉納。翌16日から3日間は、能舞台で能と狂言を奉納する御神能が催される。

旧暦6月17日 管絃祭 かんげんさい ➡P.208
平安貴族の「管絃の遊び」を模して始まった神事。午後4時に御座船が出御。船内で雅楽を奉奏しながら海を渡御する優雅な祭り。

参拝アドバイス

潮位が250㎝以上のときは、社殿があたかも海に浮いているかのような姿を見ることができます。潮が高いときには廻廊のすぐ下に海水が来ていることも！なお、神社には車いすでの参拝も可能ですよ。

宮島観光協会
濱村 大樹さん

見どころをCheck!!
境内案内

日本三舞台のひとつに数えられる
高舞台
たかぶたい

舞楽を奉納する舞台。平清盛が大阪・四天王寺の舞楽を伝えたのが始まりで、今も受け継がれる。現存の舞台は1546(天文15)年造営。

朱塗りの柱が連なる風景は壮観
廻廊
かいろう

各社殿を結ぶのは長さ約275mの廻廊。床板の間に設けた隙間から海水を逃がし、水害から建物を守る工夫を施している。国宝指定。

木造の鳥居では日本最大級の規模
大鳥居
おおとりい

拝殿から約196m沖合に建ち、高さは16m。現在の鳥居は1875(明治8)年の再建。柱の根元は海底に埋められておらず、約60tの重量と袖柱で安定を保っている。

参拝ポイント
ろかい舟に乗って大鳥居に接近しよう
干潮時には御笠浜から鳥居の下まで歩いて行くことができ、満潮時には木造のろかい舟に乗って鳥居をくぐれる。鳥居から眺める社殿風景も美しい。

満潮時に海に浮かぶステージ

能舞台《のうぶたい》

日本で唯一の海上舞台。現在の舞台は1680(延宝8)年建造。床下に足拍子の響きを良くする甕を置かず、横木の間隔を広くするなどして反響させている。

中枢をなす国宝建築

御本社《ごほんしゃ》

中心的な社殿で、祭神の三女神を祀る。海側から祓殿、拝殿、幣殿、本殿と並び、本殿は1571(元亀2)年に毛利元就が改築した。

合格祈願で人気の天神様

天神社《てんじんしゃ》

毛利元就の子・隆元が寄進した摂社で、1556(弘治2)年建造。学問の神様・菅原道真を祀ることから、合格祈願に訪れる参拝客が多い。

Column!!
社殿が海上に建てられた理由

古来より宮島は島全体が神域であったため、陸上に社殿を建てるのは畏れ多いとされ、陸地を避けて海上に造営したと考えられている。平清盛の時代には、参拝する際も舟で大鳥居をくぐるのが正式な参拝ルートだったという。

海から神社へ導くともしび

火焼前《ひたさき》

高舞台前に広がる平舞台から先端に突き出た場所。かつて、海上参拝者を誘導するためのかがり火が灯されていた。国宝指定。

参拝ポイント
日没後のライトアップも美しい

日没30分後くらいから23時まで、大鳥居や社殿が夜空に浮かび上がり、幻想的な雰囲気に。夜間神事の日以外は毎日開催。遊覧船からも楽しめる。

縁結びの「だいこくさん」

大国神社《だいこくじんじゃ》

嚴島神社に数多く建つ摂社のひとつ。出雲大社と同じく大国主命を祀る縁結びの神様。

嚴島神社

周辺スポットMAP

宮島は日本有数の観光地。食べ歩きやおみやげ探しが楽しめる商店街から、親子で楽しめる水族館、ハイキングスポットまで、見どころは尽きない。

瀬戸内の海を10のゾーンで紹介

宮島水族館 みやじマリン《みやじますいぞくかん みやじマリン》

瀬戸内海を中心に、約350種1万3000点以上の水の生き物を展示。カキいかだの海中の様子を紹介し、アシカのライブを毎日開催。

☎0829-44-2010　住広島県廿日市市宮島町10-3
交宮島桟橋から徒歩25分

食事もおみやげ探しもこの通りで

表参道商店街《おもてさんどうしょうてんがい》

飲食店やみやげ物屋がずらりと並ぶ、通称清盛通り。カキや穴子などの宮島名物や伝統工芸品の店が集まり、食べ歩きも楽しい。

交宮島桟橋から徒歩5分

立ち寄りグルメ

カキ

新鮮な大粒のカキを殻付で味わう焼きガキがとくにおすすめ。表参道商店街で食べ歩きも楽しめる。

あなごめし

穴子の蒲焼をご飯にのせた代表的な宮島名物。有名店「うえの」は宮島口の駅前にあり、弁当のテイクアウトも可能。

弁天さまを祀る真言宗の古刹

大願寺《だいがんじ》

弘法大師作と伝わる薬師如来をはじめ、4体の仏像が国の重要文化財。本尊の厳島弁財天は日本三大弁財天のひとつ。

☎0829-44-0179　住広島県廿日市市宮島町3　交宮島桟橋から徒歩17分

宮島最古の歴史を誇る寺院

大本山大聖院《だいほんざんだいしょういん》

弘法大師が平安初期に開創したとされる。勅願堂には、豊臣秀吉が朝鮮出兵の際に軍船の守護仏とした浪切不動明王像を安置。

☎0829-44-0111　住広島県廿日市市宮島町210　交宮島桟橋から徒歩20分

大野瀬戸
平清盛を祀る。清盛公没後770年の1954(昭和29)年に建立。3月20日に清盛神社祭を開催
清盛神社
宮島水族館
みやじマリン
国民宿舎
みやじま杜の宿
大元神社
大元川

モデルプラン

午前

嚴島神社の荘厳さに触れ宮島名物を堪能

フェリーで宮島へ渡り、嚴島神社を参拝。荘厳な社殿を見学し、徒歩またはろかい舟で大鳥居の間近へ。宮島水族館 みやじマリンを見物後、昼食に名物のあなごめしやカキを満喫。時間があれば、御利益豊富な大願寺へ。

午後

神聖な山でパワーをもらい、商店街でお買物

紅葉谷公園からロープウェイで弥山の中腹へ。頂上までは片道約30分のハイキング。山の自然や山頂から瀬戸内海の絶景を楽しむ。下山後は五重塔や豊国神社を参拝後、表参道商店街でひと休みして、おみやげを探す。

時の有力者が納めた貴重な宝物

嚴島神社宝物館《いつくしまじんじゃほうもつかん》

神社が所有する宝物の一部を展示。『平家納経』(展示は複製)がとくによく知られている。

☎0829-44-2020(嚴島神社)　住広島県廿日市市宮島町1-1　交宮島桟橋から徒歩16分

宮島口桟橋
宮島口桟橋
宮島中
N
0
100m
観光案内所
宮島桟橋
宮島伝統産業会館
みやじまん工房
フェリーの発着場所。対岸の宮島口を結ぶ2社のフェリーが10～15分間隔で出航している
今伊勢神社
存光寺
ホテルみや離宮
かつては島のメインストリートだったが、今は生活道路。伝統的な町家建築の民家やレトロモダンな店も並ぶ
町家通り
宮島局
表参道商店街
ろかい舟乗場
大鳥居に最も近づける絶好の撮影スポット。干潮時にはここから大鳥居へ歩いて行ける。夕日もきれい
大鳥居
豊国神社（千畳閣）
五重塔
光明院
嚴島神社
宮島グランドホテル
有もと
宮島歴史民俗資料館
大願寺
岩惣
紅葉谷川
嚴島神社宝物館
約700本のカエデやもみじが見られる紅葉スポット。見頃は11月中旬～下旬頃。春から夏は緑がすがすがしい
弥山中腹の獅子岩へ向かうロープウェイの乗場。車中の瀬戸内海や弥山の眺めも抜群だ
菊乃家
四宮神社
紅葉谷公園
滝小路
嚴島神社の神職の屋敷が並んでいた通りで、今も独特の古い家並が見られる静かな通り
紅葉谷駅
宮島ロープウエー
雪舟園
大本山
大聖院
白糸川
弥山

おみやげ

もみじ饅頭

宮島が発祥とされる広島定番みやげ。今では小豆餡のほか、チョコやクリーム、抹茶味、揚げ饅頭など種類は豊富。

檜皮葺きと朱塗りが美しく調和

五重塔

ごじゅうのとう

室町初期に建立したとされる高さ約28mの塔。和と唐の建築様式が融合した建物。祀られていた仏像は明治元年の神仏分離で大願寺へ移された。

☎0829-44-2020（嚴島神社）
住 広島県廿日市市宮島町1-1
交 宮島桟橋から徒歩13分

秀吉と加藤清正を祀る

豊国神社（千畳閣）

ほうこくじんじゃ（せんじょうかく）

豊臣秀吉の命で1587（天正15）年に大経堂の造営を始めたが、秀吉の死で未完となった。明治期に秀吉を祀り、豊国神社となる。857枚の畳が敷ける広さから千畳閣とも呼ばれている。

☎0829-44-2020（嚴島神社）
住 広島県廿日市市宮島町1-1
交 宮島桟橋から徒歩13分

山頂から瀬戸内海の絶景を一望

弥山

みせん

御神体とあがめられ、標高は535m。嚴島神社背後に原始林が広がり、頂上付近には古い寺社が点在。山頂までハイキングを楽しめる。

☎0829-44-2011（宮島観光協会） 交 宮島桟橋から紅葉谷駅まで徒歩30分、紅葉谷駅から獅子岩駅まで宮島ロープウエーで15～30分

お泊まり情報 瀬戸内海を望む桟橋近くに宿が多い。紅葉谷公園内には閑静な温泉宿も。風情ある町家通りにも宿が点在する。

刻々と変わる音羽山の自然のなかで
古都の歴史を見下ろしてきた名刹

2 清水寺《きよみずでら》

にっぽん 10大絶景寺社

奥の院から眺める本堂と清水の舞台。早朝に訪れ、静けさに包まれた寺や街の景観を楽しむのもいい

本堂の威厳漂う空気を感じたら舞台の大きさや高さを実感する

東山36峰の一角、音羽山の山腹の広大な寺域に堂宇を構える。778(宝亀9)年、延鎮上人が山麓に流れる音羽の滝を見つけ、草庵を結んだのが始まりとされている。寺は武士や貴族だけでなく、庶民にも清水の観音さんと親しまれた。その後、幾多の災害や戦乱により焼失、現在の建物は1633(寛永10)年、徳川家光により建てられた。圧巻はやはり清水の舞台。目の前に広がる錦雲渓の斜面を季節の花や紅葉が彩り、その先に京都市街がかすむ。一方、力強く舞台を支える柱を見上げるのもよし、勤皇の志士を支えた僧たちの悲話をたどるのもいい。1994(平成6)年には世界遺産に登録された。

キーワード

▶**懸造《かけづく》り** 清水寺の舞台など、急峻な斜面に建つ建築物を支える工法で、何本もの柱が釘を使わず格子状に組まれる。

▶**音羽山** 山の中腹に約13万㎡の境内が広がる。寺の名前もここから湧き出る清水に由来している。

宗派 北法相宗

御本尊 清水型十一面千手観音像《きよみずがたじゅういちめんせんじゅかんのんぞう》

[TEL]075-551-1234　[所在地]京都府京都市東山区清水1-294　[アクセス]市バス・五条坂下車、徒歩10分
[時間]6:00～18:00(夜間特別拝観、成就院庭園特別拝観は異なる)　[休]無休　[料金]300円(夜間特別拝観400円、成就院庭園特別拝観600円)
[URL]www.kiyomizudera.or.jp

注目の行事

3月中旬／4月上旬／9月中旬 青龍会 せいりゅうえ
観音様の化身であり、東を守る青龍が境内と門前町を巡る。2000(平成15)年、御本尊の御開帳記念に始まった。

8月中旬 千日詣り せんにちまいり
一年で最大の観音様の功徳がある日で、一度のお参りで1000回分と同じだけの御利益がある。この期間は内々陣で献灯ができる。

参拝アドバイス

入場して舞台に出るまでの本堂の周りの腰の部分に注目してください。江戸時代の参詣者が手元も暗くてわからない深夜に、棒のようなものを本堂の腰に当て、お堂をぐるぐる回り願を掛けたときの傷痕が残っています。舞台で有名な清水寺ですが、観音信仰のお寺としての、人々の篤い信仰を物語る珍しい痕跡です。

京都史跡ガイドボランティア協会
会長　細田 茂樹さん

見どころをCheck!!

境内案内

朱色と白のコントラストが鮮やかな山門
仁王門
におうもん

応仁の乱で焼失後15世紀末に再建。現在の門は2003(平成15)年に解体・修理された。屋根は檜皮葺き、門の左右に立つ仁王像は京都で最大規模。

高さ約31mの三重塔としては日本最大級
三重塔
さんじゅうのとう

847(承和14)年の創建とされ、その後1632(寛永9)年に再建。現在の塔は1987(昭和62)年に解体修理したもの。極彩色の仏画や文様がよみがえった。

願いや求めが叶う大功徳の菩薩が御本尊
随求堂(慈心院)
ずいぐどう(じしんいん)

享保年間に再建されたとされ、2006(平成18)年には解体修理されている。最近では2000(同12)年に開設された「胎内めぐり」が人気。

参拝ポイント

春・夏・秋は夜間特別拝観へ

本堂・舞台を中心に境内の建物が音羽山の闇のなかに浮かび上がり幻想的。春は桜が雲海のように、秋は色づいた紅葉が炎のようで美しい。

清水寺巡りのハイライトが凝縮

本堂・舞台《ほんどう・ぶたい》

1633(寛永10)年に再建されたもので、本堂は内々陣、内陣、外陣からなる。その先、音羽山からせり出すように建つ舞台は、地上13m、懸造りといい、多数の欅の柱が組まれている。

参拝ポイント

本堂入口の御利益ポイント

入口脇の大きい錫杖は重さ90kg以上、男性が持ち上げられたら出世を、女性が高下駄を持ち上げたら裕福な生涯が保証される。外陣西側では室町時代作の出世大黒天像にお参りを。

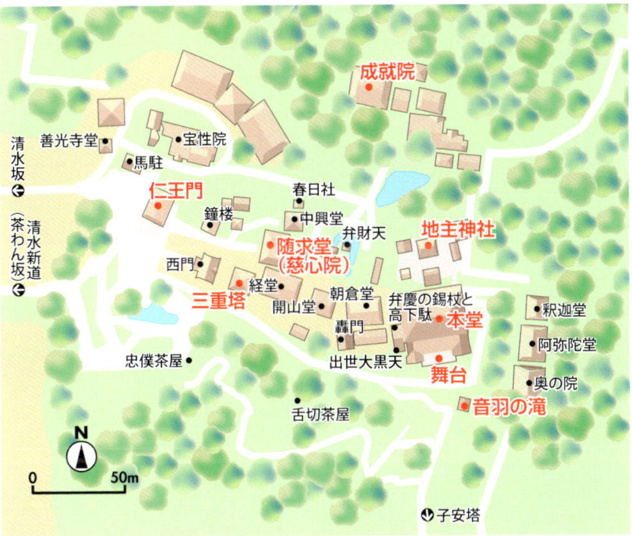

Column!!

ことわざにもなった「清水の舞台」の逸話

「清水の舞台から飛び降りたつもりで」とは、思いきって大きな決断をしたときの例えに使われる。実際、元禄時代には飛び降りが盛んで意外にも生存率は85%だったとか。さらに意外なのはその理由。清水の観音様に願をかけ、舞台から飛び降りて命が助かれば、願いも叶うと信じられた。もちろん迷信だが、庶民の間に広まった。

清水寺の名の由来となった滝

音羽の滝《おとわのたき》

鴨川の伏流水が湧き出ているもの。もとは滝行の場だった。3筋に流れ落ち、右から延命、恋愛、学問が成就。祈願するいずれかの水を一口すると願いが叶う。

参拝ポイント

地主神社で縁結びを祈願しよう

本堂後方にあり、縁結びの神様として名高い。その歴史は神代といわれる。主祭神には縁結びの神様、大国主命やその父母、祖父母を祀ることから子宝、安産も祈願される。

地主神社 じしゅじんじゃ
☎075-541-2097
住 京都府京都市東山区清水1-317

「月の庭」の眺めに憩う

成就院《じょうじゅいん》

応仁の乱後、1639(寛永16)年に再建。清水寺の勧進に努めた願阿上人の住まいだった。「月の庭」は国指定の名勝で、春と秋に特別公開される。

清水寺

周辺スポットMAP

京都観光の人気エリアで、産寧坂（三年坂）・二年坂の街並や八坂の塔の姿は京風情満点。東大路を西に越えた祇園側にもパワースポットが点在。

四条通
建仁寺
祇園甲部歌舞練場
鴨川
大中院
安井北門通
西来院
両足院
東山安井
安井金比羅宮
霊洞院
霊源院
大統院
八坂通
六道珍皇寺
平安時代、六道珍皇寺の先に葬儀場があったことから、現世と冥界を分ける辻がこの寺付近にあったといわれている
清水道
西福寺
松原通
951（天暦5）年、醍醐天皇第二皇子であった空也上人が開創。平家一族の六波羅殿はこの付近にあった
六波羅蜜寺
東山区役所
六波羅裏門通
開晴中
東山署
東大路通
若宮八幡宮
五条坂
東山五条

崇徳天皇が好んだ藤のある寺が原点。藤原鎌足が創建

安井金比羅宮 ➡P.97

やすいこんぴらぐう

後白河法皇が建てた光明院観勝寺が起こり。1695（元禄8）年に太秦安井の蓮華光院が移転。崇徳天皇や金刀比羅宮（➡P.149）の主神を祀り、安井の金比羅さんと親しまれた。

☎075-561-5127
住 京都府京都市東山区東大路松原上ル下弁天町70
交 市バス・東山安井下車すぐ

庚申信仰が生まれた場所。日本三大庚申のひとつ

八坂庚申堂

やさかこうしんどう

正式には金剛寺庚申堂といい、平安時代の建立。境内に吊り下げられているくくり猿は欲をひとつ我慢すれば願いが叶うというお守り。

☎075-541-2565 住 京都府京都市東山区金園町390
交 市バス・清水道下車、徒歩3分

モデルプラン

午前

早起きして開門直後の清水寺へ。静けさを味わう

清水寺の開門時間は一年中6時。この時間帯なら混雑を避けられる。鳥のさえずりを聞きながらじっくり鑑賞するのもいい。見学後は、産寧坂、二年坂界隈で買物やお茶を楽しむ。昼食はひさごで。行列ができる前に。

午後

ねねをしのんで高台寺やねねの道を歩いてみよう

豊臣秀吉を思うねねの気持ちに思いを馳せながら高台寺を見学。ねねの道でも京都らしいおみやげが見つかる。その後、石塀小路の石畳の道を散策。祇園まで足を延ばす前に安井金比羅宮にお参りをしよう。

最高の立地を誇る五重塔

八坂の塔（法観寺）

やさかのとう（ほうかんじ）

京都観光の中心地である東山のランドマーク。塔があるのは法観寺だが、八坂の塔の名がよく知られている。589（崇峻天皇2）年に聖徳太子が建立したと伝わる。

☎075-551-2417
住 京都府京都市東山区八坂通下河原通東入ル八坂上町388 交 市バス・清水道下車、徒歩5分

八坂神社
N
0
100m
ねねの道と下河原通の間の石塀小路は、曲がりくねった細い石畳の道の両側に料亭や旅館が点在
高台寺西側の通り。北は円山公園、南は清水寺方面に続き、観光客や人力車で賑わう
下河原通
ねねの道
月真院
石塀小路
高台寺
住本寺
圓徳院
ひさご
高台寺庭園
石塀小路の一角に、ひさごがある。出汁のきいたとろーり卵の親子丼が評判だ
京都霊山護國神社
霊山観音
春光院
京都らしい風景が見られるスポットのひとつが八坂の塔。撮影するなら八坂通周辺へ
幕末維新ミュージアム
霊山歴史館
霊明神社
二年坂
八坂の塔（法観寺）
八坂庚申堂
二年坂
りょうぜん
八坂通
かさぎ屋
真覚寺
竹久夢二も通った甘味処。三色おはぎは人気の一品
京料理店・明保野亭は幕末当時は料亭と旅館を兼ねており、坂本龍馬の定宿だった
日體寺
清水坂
霊山興正寺別院
産寧坂（三年坂）
明保野亭
産寧坂
西光寺
清水坂
真福寺
成就院庭園
成就院
五条坂
東大路から清水寺へと続くゆるやかな坂道は清水焼の店が多い
宝性院
地主神社
清水新道（茶わん坂）
三重塔
清水寺
忠僕茶屋
奥の院
延命院
舌切茶屋
音羽の滝

秀吉の菩提を弔うためねねが建立

高台寺

➜P.28

こうだいじ

豊臣秀吉の死を悲しんだ正妻ねねが1606（慶長11）年に開創。徳川家康の援助もあり、建造には贅が尽くされた。小堀遠州作といわれる庭園も美しい。

☎075-561-9966 住京都府京都市東山区高台寺下河原町526
交市バス・東山安井下車、徒歩5分

女子必見の京都アイテムを発見

産寧坂（三年坂）・二年坂

さんねいざか（さんねんざか）・にねんざか

清水寺と高台寺を結ぶ主要な坂道。どちらも坂の両側には京都を代表する老舗の雑貨店や甘味処、料亭などが連なり、京都観光には欠かせない場所だ。

交市バス・清水道下車、徒歩8分

立ち寄りグルメ

和スイーツ

おしるこやおはぎ、かき氷といった正統派和スイーツから抹茶パフェ、抹茶ロールケーキなど、京都らしい甘味処には事欠かない。

懐石ランチ

下河原や石塀小路など料亭の多い地域。本格的な京料理はそれなりに高額になるが、昼の懐石ランチなら比較的手ごろでおすすめ。

おみやげ

清水焼（京焼）

界隈に陶工や窯が多かったことから清水周辺の焼物は清水焼と呼ばれるようになった。お気に入りが見つかれば記念に購入したい。

日本の最高峰を御神体と仰ぐ
楼閣社殿に漂う崇高な気品

3 富士山本宮浅間大社《ふじさんほんぐうせんげんたいしゃ》

にっぽん 10大絶景寺社

富士南麓に創建された富士信仰の中心地。御神体の富士山と御神木の桜が社殿を和の情緒で彩る

全国1300余社の浅間神社の総本宮
浅間造《せんげんづくり》の本殿は将軍家康の寄進

その崇高な存在感で、古代から日本人の心をとらえる霊峰・富士。日本一の山を御神体とするのが、富士宮市にある浅間大社だ。社伝によると、紀元前27(垂仁天皇3)年、富士山の噴火を鎮めるため、垂仁天皇が浅間大神を山裾に祀ったのが起源という。平安時代の806(大同元)年に、坂上田村麻呂が現在地に遷座した。関ヶ原の戦い後の1604(慶長9)年には、徳川家康が戦勝祈願のお礼に豪壮な社殿を寄進。2層の珍しい本殿や拝殿、楼門が往時の姿で残る。境内には約500本の桜。見上げれば富士の壮大な雄姿。春の晴れ間には日本の美の競演を楽しめる。富士山頂に奥宮があり、八合目以上は神社の境内地。

キーワード

▶**浅間大神《あさまのおおかみ》** 御祭神の木花之佐久夜毘売命のこと。水徳の神とされ、垂仁天皇が富士の山裾に祀ったところ、富士の噴火が鎮まったという。美貌の女神で桜の木に象徴される。

▶**徳川家康** 天下統一を果たした家康は、立派な社殿とともに富士の八合目以上の土地を神社に寄進している。

御祭神 木花之佐久夜毘売命《このはなのさくやひめのみこと》
御利益 安産子安、火難消除、家庭円満など

[TEL] 0544-27-2002 [所在地] 静岡県富士宮市宮町1-1
[アクセス] JR富士宮駅から徒歩10分
[時間] 5:00～20:00(11～2月は6:00～19:00、3・10月は5:30～19:30) [休] 無休
[料金] 無料 [URL] fuji-hongu.or.jp/sengen

注目の行事

4月上旬 桜花祭 おうかさい
御神木である桜の開花を祝う。境内の約500本の桜の花の下、開花期には、夜の提灯点灯や雅楽の奉納などが行なわれる。

7月上旬 富士開山祭 ふじかいざんさい
富士山の開山に合わせて開き、登山者の安全を祈願する。開山前後の時期には、奉納花火などさまざまなイベントが行なわれる。

参拝アドバイス

参拝をするなら、すがすがしい気分の朝がいいと思います。参拝後は、東脇門を出た湧玉池に立ち寄るのがおすすめ。富士山の雪解け水が湧出する霊池で、憩いの場としても親しまれています。

第26代 ミス富士山グランプリ
石川 優子さん

見どころをCheck!!

境内案内

富士宮駅から徒歩5分の距離

一の鳥居
いちのとりい

二の鳥居から300mほど南の街なかに立っている。高さは約16mで二の鳥居よりも大きい。

ここから参道がまっすぐに続く

二の鳥居
にのとりい

参道の起点にあり、近くに最寄りの駐車場があるので、ここから参拝を始める人が多い。鳥居越しの富士、春にはさらに桜の花も収まる人気の撮影ポイント。

桜に包まれた流鏑馬神事の舞台

桜の馬場
さくらのばば

毎年5月に流鏑馬祭が奉納される場所。1193(建久4)年に源頼朝が流鏑馬を奉納したのが始まりとされる。御神木である桜が通りの両側に植えられている。

参拝ポイント

5月には観光客に人気の流鏑馬《やぶさめ》祭が開催

5月5日の流鏑馬祭の日、桜の馬場では鎌倉武士の狩り装束を着た射手たちが、馬上から次々に的へと矢を射る。勇壮な祭りを見物に、毎年、多くの客が訪れる。

神社の風格を感じさせる豪壮な楼門

楼門

ろうもん

桜の馬場を抜けると立派な楼門がある。本殿と同じ時期に徳川家康が造営した。2層の入母屋造りで高さ約12m。両脇に随神像が安置され、神社を守る。真正面には拝殿と本殿が堂々と構える。

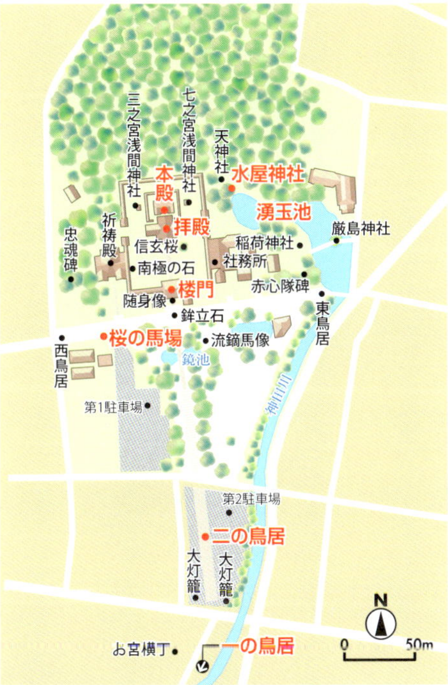

Column!!

富士山の信仰と登山の歴史

神聖な美しさでそびえ立ち、ときには噴火の脅威を見せつける富士に、日本人ははるか先史時代より畏敬の念を抱いてきた。山全体が神の住まう聖域とされ、古代までは遠くから礼拝する「遥拝の山」だった。中世になると修験者が入山して修行を行なう「登拝の山」となり、山頂には仏教寺院が建立され、仏像が祀られた。やがて庶民の間で富士信仰が広まり、江戸中期には団体で富士へ参詣する富士講が関東を中心に大流行する。今では観光登山が盛んな富士だが、古代より受け継がれる富士信仰の歴史が国際的に評価され、2013(平成25)年の世界遺産登録に結びついた。

霊山へ向かう者の身を清めた霊水が湧く

湧玉池・水屋神社

わくたまいけ・みずやじんじゃ

溶岩の隙間から富士の雪解け水が湧出し、修験者はここで禊を行なってから富士に入山したという。国の特別天然記念物に指定されている。水源の近くに水屋神社を祀る。

参拝ポイント

古くから伝わる霊水を持ち帰ろう

平成の名水百選にも選ばれた湧玉池の名霊水。水屋神社の前に、無料で自由に汲める給水スペースを設けている。容器を持参して、霊水のパワーを持ち帰ろう。

美しい彫刻も必見

本殿・拝殿

ほんでん・はいでん

参拝客がお参りする拝殿の奥が本殿。本殿は神社建築では稀な2層の建物で、浅間造と呼ばれる。1階は4方向に屋根がある寄棟造り、2階は2面に曲線の屋根を持つ流造。いずれも徳川家康の寄進。

富士山本宮浅間大社

周辺スポットMAP

富士宮市街を少し離れると、富士山の裾野の雄大な自然に触れられるスポットが豊富。車があると一度に複数箇所まわりやすいので便利だ。

モデルプラン

午前

神社にお参りして富士のパワーを感じる

二の鳥居から参道を歩いて富士山本宮浅間大社へ。拝殿をお参りしたら、湧玉池で霊水を汲もう。浅間大社の前身・山宮浅間大社や修験場となった村山浅間神社を巡り、お宮横丁で富士宮やきそばのランチを楽しむ。

午後

山麓の大自然と富士の絶景に浸る

午後は富士山麓の自然を満喫しながらドライブを楽しもう。マイナスイオンたっぷりの白糸ノ滝、富士山のビュースポットの田貫湖へ。朝霧高原ではまかいの牧場で動物に触れ、新鮮な乳製品のスイーツを食べてひと休み。

美しい逆さ富士を見物

田貫湖

たぬきこ

朝霧高原にある湖。正面に富士の絶景を望み、釣りやボート、キャンプを楽しめる。山頂に太陽が出るダイヤモンド富士が見えるのは4・8月の20日前後。

☎0544-27-5240(富士宮市観光協会) 住静岡県富士宮市猪之頭 交JR富士宮駅から富士急静岡バス・休暇村富士行で45分、田貫湖キャンプ場下車、徒歩5分

湧水が流れ落ちる名瀑

白糸ノ滝

しらいとのたき

富士山の湧水が高さ20m、幅150mにわたり、弧を描く絶壁から幾筋も流れ落ちる。マイナスイオンたっぷりで、夏に涼をとるにはうってつけのスポット。

☎0544-27-5240
(富士宮市観光協会)
住静岡県富士宮市上井出273-1
交JR富士宮駅から富士急静岡バス・白糸の滝行で30分、白糸の滝観光案内所前下車、徒歩5分

のびのび動物とふれあう

まかいの牧場

まかいのぼくじょう

富士山の眺望が抜群な観光牧場。牛の乳搾りや乗馬、チーズ作りなど多彩な体験ができる。

☎0544-54-0342 住静岡県富士宮市内野1327 交JR富士宮駅から富士急静岡バス・河口湖方面行で25分、まかいの牧場下車すぐ

本栖湖
田貫湖
休暇村 富士
田貫湖キャンプ場
まかいの牧場
71
414
139
熊野神社
白糸の滝観光案内所前
白糸ノ滝
音止の滝
芝川
狩宿の下馬桜

鎌倉時代に源頼朝が狩りをした際、馬をつなぎ留めたと伝わる樹齢800年以上の桜

75
大石寺

三門や五重塔は見応えがある。しだれ桜とソメイヨシノの咲く桜の名所でもある

469
本門寺
山宮浅間神社

浅間大社の前身で、日本武尊の創始とされる。本殿や拝殿はなく、富士を拝む遥拝所のみがあった

414
村山浅間神社

かつての修験道の中心地で、明治以前には興法寺があった。杉の大木に囲まれ神聖な空気が漂う

469
184
180
139
158
潤井川
182
富士山本宮浅間大社
お宮横丁
身延線
西富士宮駅
富士宮駅
源道寺駅
芝川駅
富士駅
N
0 1km

河口湖
富士スバルライン
久須志神社
富士山
富士山本宮浅間大社 奥宮
宝永山
富士宮口五合目
152
富士山スカイライン
180
スノータウンイエティ
南富士エバーグリーンライン
ぐりんぱ
十里木高原
富士山資料館
忠ちゃん牧場
富士サファリパーク
御殿場
409
富士山こどもの国
黒岳
469
山神社
穂見神社
24

富士山頂上浅間大社奥宮があり、郵便ポストも立つ。最高峰の剣ヶ峰に標高を示す3776の碑が立つ

標高2400m。車で最も高所まで行ける登山口。レストハウスや富士山総合指導センターがある

南麓の避暑地で富士山の絶景ポイント。富士山資料館では富士の歴史や自然が学べる

「登拝」で富士山山頂の奥宮へ

浅間大社の奥宮は富士山の山頂にある。山頂をめざすなら、ぜひ奥宮へお参りしたい。4本の登山ルートのうち、奥宮に最も近い富士宮ルートは、かつて修験者が修行に使った歴史を持つ。最短ルートだが、直線的に傾斜の急な道が続き、いかにも修行の道らしい。信仰のために登る登拝では、奥宮に到着後、一周約3kmの火口(お鉢)をまわるお鉢巡りの慣習があり、今も多くの登山客が挑戦している。仏教の教えどおり、時計回りに8つの峰を巡れば、奥宮末社の久須志神社や金明水・銀明水の聖なる湧水が現れる。

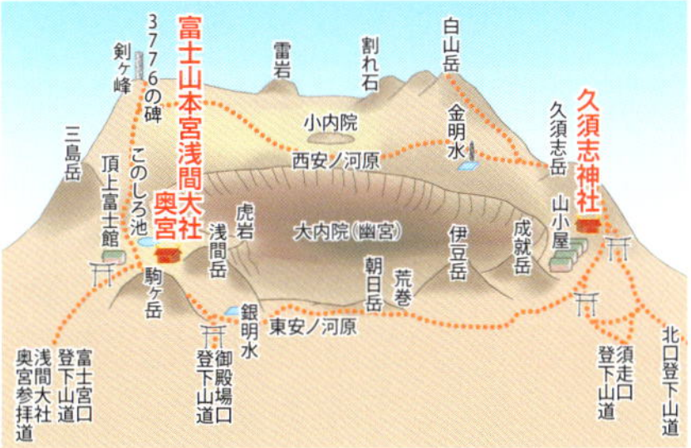
剣ヶ峰
3776の碑
富士山本宮浅間大社奥宮
雷岩
割れ石
白山岳
久須志神社
久須志岳
小内院
金明水
西安ノ河原
三島岳
頂上富士館
このしろ池
虎岩
浅間岳
大内院(幽宮)
山小屋
伊豆岳
成就岳
朝日岳
荒巻
駒ヶ岳
銀明水
東安ノ河原
富士宮口登下山道
浅間大社奥宮参拝道
御殿場口登下山道
須走口登下山道
北口登下山道

立ち寄りグルメ

富士宮やきそば

コシのある麺に肉カスとイワシの削り粉が決め手。お店で食べ比べをしたい。

ニジマス

清流に恵まれた富士宮市はニジマスの生産量日本一。塩焼きやお寿司でどうぞ。

おみやげ

わさび漬け

富士の湧水で育ったわさびを粕漬けに。富士宮で古くから親しまれている代表的な郷土の味。

富士宮の多様な味が大集合

お宮横丁

おみやよこちょう

富士宮やきそばや静岡おでん、スイーツなど、地元自慢のグルメが集まる。おみやげにぴったりの名産品も豊富だ。

☎0544-22-5341(富士宮やきそば学会)
住 静岡県富士宮市宮町
交 JR富士宮駅から徒歩8分

自然に近い動物の姿を見物

富士サファリパーク

ふじサファリパーク

専用バスやマイカーに乗って、のびのび暮らすライオンやゾウなどの大型動物を間近に見学。歩いてまわるふれあいゾーンも楽しめる。

☎055-998-1318 住 静岡県裾野市須山藤原2255-27
交 JR富士宮駅から車で30分

お泊まり情報 富士宮市街地には和風旅館やホテルが、田貫湖・朝霧高原はロッジやコテージ、十里木高原にはペンションが点在する。

1300年の歴史を秘める稲荷山
朱に宿る庶民が支えた信仰

4 伏見稲荷大社《ふしみいなりたいしゃ》

にっぽん 10大絶景寺社

山の緑と鳥居の朱のコントラストが鮮やか。鳥居が連なるさまは圧巻で引き込まれるようだ

清少納言も詣でたお山の麓に鎮座する全国3万社という稲荷神社の総本宮

東山36峰の最南端にあたる稲荷山は稲荷大神《いなりおおかみ》がかつて鎮座されたといわれる神聖なお山。711(和銅4)年に伊呂巨秦公《いろこのはたのきみ》が伊奈利山(稲荷山)の三ヶ峰に農耕神を祀ったことが起源とされる。応仁の乱ですべて焼失し、本殿、楼門などそれぞれ異なる年代に造営された。2階建ての楼門は下層に屋根のない入母屋造り、内拝殿は唐破風朱塗向拝に、本殿では流造の長く前方に延びた屋根に注目。本殿の背後には千本鳥居が旅人を誘うように立ち並び、ここを抜けるとお山めぐりの始まり。山頂への参道ではお塚と呼ぶ祠や鳥居が目につく。ルートは周回で時計回りが正式だが、反対のほうが楽に歩ける。

キーワード

▶**稲荷山** 本殿がある麓だけでなく山全体が伏見稲荷大社の神域。今は神蹟だが応仁の乱以前には山頂に社があった。

▶**鳥居** 神域への入口を示す。伏見稲荷大社には門前から山頂まで山中あちこちにある。願い事が通る、または通ったという意味で、江戸時代から鳥居を奉納する習慣が始まった。

御祭神 宇迦之御魂大神《うかのみたまのおおかみ》、佐田彦大神《さたひこのおおかみ》、大宮能売大神《おおみやのめのおおかみ》、田中大神《たなかのおおかみ》、四大神《しのおおかみ》

御利益 五穀豊穣、商売繁昌など

[TEL]075-641-7331 [所在地]京都府京都市伏見区深草薮之内町68 [アクセス]JR稲荷駅から徒歩3分／京阪・伏見稲荷駅から徒歩5分
[時間][休][料金]境内自由 [URL]inari.jp

注目の行事

4月下旬／5月上旬 稲荷祭 いなりさい

年に1度の最重要祭儀。4月下旬に神幸祭、5月3日に還幸祭が行なわれ、5基の神輿が氏子区域を巡幸、御旅所に駐輿後、還幸する。

11月8日 火焚祭 ひたきさい

稲荷大神に五穀豊穣を感謝し、穀霊を元の御座(みくら)に送る。新わらを焚き上げる本殿祭、火焚串を焚き上げる火焚神事、御神楽の3部からなる。

参拝アドバイス

日本国内はもちろん、近年は海外からの参拝者も増えています。まずはご本殿を参拝してから、目的地にお進みください。千本鳥居周辺では写真撮影する方が多いですが、三脚の使用はご遠慮ください。

伏見稲荷大社 宣揚課 祢宜
岸 朝次さん

見どころをCheck!!

境内案内

大政所の病気治癒を願い豊臣秀吉が寄進

楼門

ろうもん

大鳥居を過ぎると眼前に迫るように建つ。1589(天正17)年に豊臣秀吉が母の病が治るよう奉加したもので、神社の楼門としては最大規模のものに数えられる。

奥社奉拝所へと続く朱色の鳥居のトンネル

千本鳥居

せんぼんとりい

本殿の背後にある奥社奉拝所への参道に並ぶ鳥居は、伏見稲荷の崇敬者が奉納したもの。鳥居、社殿を染める朱色は、稲荷塗りと呼ばれている。

Column!!

「お稲荷さん」の象徴、朱の鳥居と狐の像

お稲荷さんの鳥居といえば朱色と誰もが連想するほど、当たり前になっている。朱色は魔除けの色として、稲荷神社ばかりでなく多くの神社や仏閣に使われている。稲荷神社に関していえば、稲荷大神の力が甚大であることを示す色であり、さらに生命、大地、生産といった力をみなぎらせる色と考えられている。狐は稲荷大神の使者とされ、一般的に神社には狛犬がいるが、稲荷神社では社殿の前に眷属(けんぞく＝神の使い)の白い狐“びゃっこさん”が使者として控える。稲荷神社以外では他の動物が控える神社もある。

内拝殿正面の唐破風朱塗向拝に注目

内拝殿

ないはいでん

楼門を通って外拝殿を背に10段ほどの階段を上がったところが内拝殿で1961(昭和36)年に建造。正面の向拝は本来、元禄時代に本殿を飾っていたものを加築の際に内拝殿に移した。

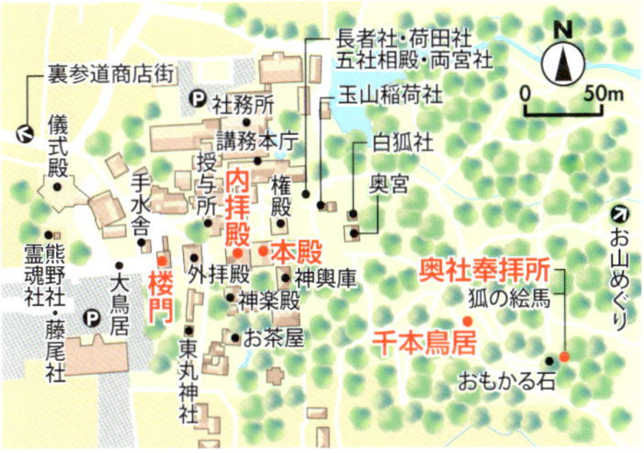

社殿建造物としては大型で装飾も華美

本殿

ほんでん

1499(明応8)年に再興された稲荷造りの本殿は前へ長く延びた屋根が内拝殿と一体化しているように見える。軒下などに施された装飾が桃山文化を伝える。

稲荷山への登山ルートのスタート地点

奥社奉拝所

おくしゃほうはいしょ

千本鳥居を抜けたところにある。通称奥の院。命婦(みょうぶ)谷にあることから命婦社とも呼ばれる。社殿の正面には狐の絵馬がたくさんぶら下がっている。

参拝ポイント

おもかる石と狐の絵馬に注目

奥社奉拝所では、おもかる石と狐の絵馬に願掛けを。おもかる石は奥社奉拝所のそばにある石灯籠の空輪(頭の丸い石)を持ち上げて、予想より軽ければ願いが叶うといわれている。絵馬は耳の付いた逆三角形の白地の板で、顔は自分で描く。

お山めぐりの見どころ

奥社奉拝所から先は、山全体が神域の稲荷山。山中に拝所や神蹟と呼ばれる神様の鎮座した場所が点在する。簡単な山歩きの準備はして巡りたい。

詳しい地図はP.57を参照

稲荷山登山の最初の見どころ

熊鷹社(新池)

くまたかしゃ(しんいけ)

近くに新池、別称、谺(こだま)ヶ池があり、池に向かって手を打ち、こだまが返ってきた方向に行方知らずになった人の手がかりがあるとの言い伝えがある。

稲荷山の3つの峰の要にあたる地

御膳谷奉拝所

ごぜんだにほうはいしょ

3つの峰から延びる谷が集まる地点で、大山祭・山上の儀が毎年1月5日に行なわれる聖地。塚が集まっていることから御膳谷のお塚群とも。

今でも滝行の場として使われる滝

清瀧

きよたき

稲荷山にある滝のなかでも有名。登山ルートからは外れるが御膳谷奉拝所を北に200mほど下ったところにある。ここを北西に行くと東福寺に至る。

上社があった標高233m、稲荷山山頂

一ノ峰(上社神蹟)

いちのみね(かみしゃしんせき)

標高233mの稲荷山山頂は一ノ峰と呼ばれ、上社神蹟がある。上社神蹟には末広大神が祀られており、末広がりに商売繁昌の御利益があるといわれている。

伏見稲荷大社

周辺スポットMAP

大社前の参道にはお店が建ち並び、名物グルメも豊富でそぞろ歩きが楽しい。少し北へ足を延ばすと、東福寺や泉涌寺などの名刹がある。

伏見稲荷

名物いなり寿司やおみやげはこちら

裏参道商店街

うらさんどうしょうてんがい

伏見稲荷大社にはJR稲荷駅から東に延びる表参道とその北側を走る裏参道がある。後者は京阪伏見稲荷駅から続き、食事処や商店が並ぶ。

㊟京都府京都市伏見区深草藪之内町

㊋JR稲荷駅から徒歩3分
京阪・伏見稲荷駅から徒歩5分

モデルプラン

午前

参観ポイント豊富な伏見稲荷大社は時間をかけたい

楼閣、本殿、千本鳥居など見どころがたくさんあるので、ゆっくり時間をかけて見学。お山めぐりは天候と脚力に自信があれば挑戦しよう。ただし、所要2時間は覚悟で。足に不安がある場合は熊鷹社(新池)あたりまで。

午後

昼食後、電車かバスを利用して東福寺へ向かう

遅めのランチを裏参道商店街で。名物のいなり寿司を堪能したい。食後は電車かバスで東福寺へ。1.5㎞ほどなので歩いて向かうのもいい。ハイキング気分を楽しむなら お山めぐりのコースからそれて行く裏道ルートもある。

東福寺駅
東福寺駅
霊雲院
大機院
一華院
東福寺の塔頭で、丸山八海の庭、臥雲の庭が昭和になって重森三玲により復元された
即宗院
三ノ橋川
雪舟作庭と伝わる枯山水の庭園、鶴亀の庭があり雪舟寺とも呼ばれる。昭和に重森三玲により復元
天得院
芬陀院
東福寺
東光寺
正覚庵
伏見街道
鳥羽街道駅
光明院
虹の苔寺とも呼ばれる波心庭がある。昭和の名作庭師・重森三玲の作庭で、海を表す白砂と苔地に配された75の石が美しい
南明院
稲荷山トンネル
阪神高速京都線
京阪本線
伏見妙見寺
弓矢八幡宮
琵琶湖疏水
鴨川
師団街道
伏見稲荷駅
奈良線
24
裏参道商店街
伏見稲荷大社
稲荷駅
奥社奉拝所から先がお山めぐりのコースになる
摂取院
石峰寺
深草駅
丹波橋駅
桃山駅
宝塔寺

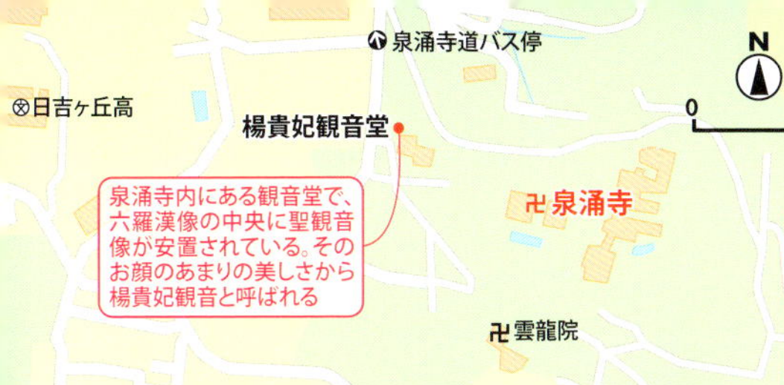

泉涌寺道バス停
N
0
100m
日吉ヶ丘高
楊貴妃観音堂
泉涌寺内にある観音堂で、六羅漢像の中央に聖観音像が安置されている。そのお顔のあまりの美しさから楊貴妃観音と呼ばれる
泉涌寺
雲龍院

立ち寄りグルメ

すずめ・うずらの焼鳥

稲荷大神は豊穣の神様。豊穣の象徴である稲にとってスズメやウズラは大敵。これを退治するために丸焼きにして食べた。

いなり寿司

伏見が発祥の地ではないが、キツネの好物とされる油揚げで包むことから伏見稲荷の名物。油揚げを三角に切るのが特徴。

きつねうどん

油揚げをのせたうどんも人気のグルメ。ちょっと甘めに味付けた油揚げがうどんのだしと混ざり合って美味。

多くの天皇の陵墓がある皇室の菩提寺

泉涌寺 ➡P.96

せんにゅうじ

1218(建保6)年、開山の月輪大師・俊芿(がちりんだいし・しゅんじょう)が大伽藍を造営。泉が涌き出たため泉涌寺と改名した。

☎075-561-1551　住 京都府京都市東山区泉涌寺山内町27　交 市バス・泉涌寺道下車、徒歩10分

崇泉寺

おみやげ

きつね煎餅

キツネの顔をかたどったお菓子。米のせんべいではなく、小麦粉に白味噌を練り込み、ゴマの風味をきかせたもの。

初夏に秋に心にしみる洗玉澗の紅葉の眺め

東福寺 ➡P.24

とうふくじ

九條道家が奈良の東大寺と興福寺から一字ずつ取って造営。臨済宗東福寺派の大本山だ。通天橋や臥雲橋からの洗玉澗を彩る紅葉が見事。

☎075-561-0087　住 京都府京都市東山区本町15-778
交 京阪・東福寺駅から徒歩10分

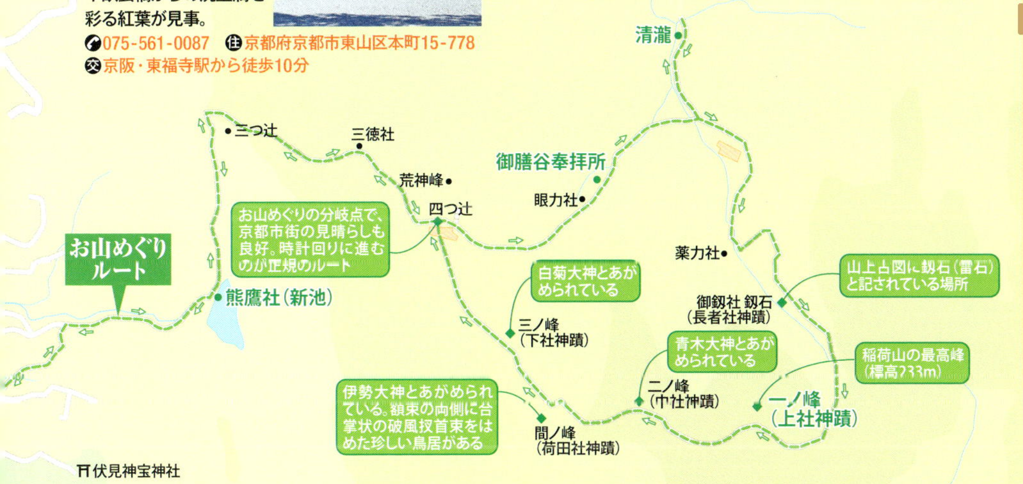

清瀧
三つ辻
三徳社
荒神峰
御膳谷奉拝所
眼力社
四つ辻
お山めぐりの分岐点で、京都市街の見晴らしも良好。時計回りに進むのが正規のルート
お山めぐりルート
熊鷹社（新池）
薬力社
白菊大神とあがめられている
三ノ峰（下社神蹟）
山上古図に劔石（雷石）と記されている場所
御劔社 劔石（長者社神蹟）
青木大神とあがめられている
稲荷山の最高峰（標高233m）
二ノ峰（中社神蹟）
一ノ峰（上社神蹟）
伊勢大神とあがめられている。額束の両側に合掌状の破風扠首束をはめた珍しい鳥居がある
間ノ峰（荷田社神蹟）
伏見神宝神社

江戸中期の画家、伊藤若冲が彫った五百羅漢像

石峰寺

せきほうじ

黄檗山萬福寺を大本山とし、宝永年間(1704～11)、禅道場として建立された。寛政年間(1789～1801)に画家の伊藤若冲が庵を結び、五百羅漢を制作。

☎075-641-0792
住 京都府京都市伏見区深草石峰寺山町26
交 京阪・深草駅から徒歩5分

忽然と開ける視界に飛び込む
究極の美しさに言葉を失う

5 金閣寺《きんかくじ》

にっぽん
10大絶景寺社

晴れた日はもちろん、曇りや雪の日でも、金閣と鏡湖池、周囲の樹木がひとつになって一幅の絵を描く

眩い輝きを放ちながらも 周囲の風景に溶け込む金の舎利殿

正式には鹿苑寺《ろくおんじ》という。もともとこの場所は公家の西園寺家が所有していたが、足利義満が1397(応永4)年に譲り受け北山殿を建造。やがて室町幕府の中心となった。義満の没後、1420(同27)年には北山殿は禅寺に改められ、夢窓疎石《むそうそせき》を勧請開山とし、鹿苑寺と名付けられた。3層からなる金閣は鏡湖池の北の畔に燦然と黄金の輝きと品格を放ちながら優雅にたたずむ。金箔が貼られているのは2層と3層。初層は白木のままで、金箔は貼られていない。

1950(昭和25)年、金閣は放火により全焼したが、5年後、建立当時の美しさに復元された。1994(平成6)年には世界遺産に登録されている。

キーワード

▶**足利義満** 室町幕府3代将軍。南北朝を合一し、室町時代の最盛期を築く。金閣寺建立により北山文化を開花させた。

▶**北山殿** 足利義満が西園寺公経から譲り受けた別荘で北山第、北山山荘とも呼ばれ、初期の室町文化の中心地だった。

宗派 臨済宗相国寺派
御本尊 観世音菩薩《かんぜおんぼさつ》

[TEL]075-461-0013　[所在地]京都府京都市北区金閣寺町1　[アクセス]市バス・金閣寺道下車、徒歩5分
[時間]9:00～17:00　[休]無休　[料金]400円
[URL]www.shokoku-ji.jp

注目の行事

2月上旬／8月中旬 不動堂開扉法要 ふどうどうかいひほうよう
弘法大師作と伝わる不動明王が祀られている不動堂で、毎年節分と大文字送り火の日に法要が行なわれる。鹿苑寺の本山でもある相国寺からも僧が出向き、大般若経が奉納される。

11月下旬 開山忌 かいさんき
鹿苑寺を開山した夢窓疎石の命日。師を祀る法要が営まれる。

参拝アドバイス

金閣が最も映えるのは早朝。朝日が射していれば最高ですが、それが無理でもなるべく午前中の早い時間帯をおすすめします。金閣を正面に見るスポットはいつも大混雑で写真を撮るのも大変なので、位置を確保したら素早く撮影し、次の人に譲ってあげましょう。金閣はあくまでも舎利殿(お釈迦様のお骨を納めた場所)であり、信仰の対象であることも忘れずにいたいものです。

京都史跡ガイドボランティア協会
会長　細田 茂樹さん

見どころをCheck!!

境内案内

将軍足利義満が愛でた、600年を生きる松

陸舟の松

りくしゅうのまつ

方丈の北側にある帆かけ舟をかたどった松で、足利義満が愛した盆栽を植え替えたといわれている。舟は西に舳先を向けており、その先には金閣がそびえる。

池に湧き出る清水は涸れることがない

安民沢

あんみんたく

金閣の裏手、樹木に囲まれ、ひっそりとして幽玄さをたたえる。西園寺家の別荘だった頃の数少ない遺構のひとつ。池の中央には白蛇塚が残る。

中国の故事「登龍門」を現した滝

龍門滝

りゅうもんたき

安民沢の湧水を流れ落としていて、滝壺には鯉が滝を登りきると龍になるという登龍門の故事にちなみ鯉魚石が置いてある。

足利義満が茶を点てた水

銀河泉

ぎんがせん

安民沢の池のそばにあり、茶の湯を点てるとき義満がここの湧水を汲んだ。

参拝ポイント

境内ではさまざまな角度から金閣を眺めてみて

金閣そのものが圧倒的だが、周囲の池や木々と相まってさらに美しさが増す。「逆さ金閣」「見返り金閣」など、お気に入りの金閣を見つけたい。

Column‼

昭和の放火事件と再建

三島由紀夫の『金閣寺』や水上勉の『金閣炎上』などの小説の題材にもなり、広く知られている金閣の焼失は、1950（昭和25）年、学生僧による放火によるものだった。金閣は全焼。犯人は事件後、自殺を図るも未遂に終わり、1956（同31）年に死亡。一方、金閣は1955（同30）年に、現在の姿に再建された。

夕日に映える眺めが最高

夕佳亭

せっかてい

江戸時代になってから当時の茶道家・金森宗和が建てた茶室で、ここから眺める金閣の夕日に映える美しさから夕佳亭と名付けられた。現在の建物は明治になって再建されたもの。

金閣を映す鏡となる池

鏡湖池

きょうこち

金閣の南側に広がる池で、この池の南側や南西側、池越しに見る金閣は池に映る逆さ金閣と一体となってことさら美しい。池には葦原島、亀島、鶴島などが浮かぶ。

息をのむ美しさをたたえる

金閣（舎利殿）

きんかく（しゃりでん）

鏡湖池の北の畔に二方を池に突き出すように建つ舎利殿。足利義満の北山文化の中核的建物。1階が寝殿造り、2階が武家造り、3階が仏殿造りと、それぞれ異なる様式からなる。ライトアップされた夜の金閣や雪を被った姿も美しい。

参拝ポイント

屋根の上の鳳凰にも注目

柿葺き屋根の頂には金色の鳳凰が羽を広げている。中国では天子（皇帝）の象徴。義満の野望が秘められているのかもしれない。

金閣寺

周辺スポットMAP

衣笠山に沿った「きぬかけの路」を西へ進むと、龍安寺や仁和寺といった名刹が現れる。一方、南へ行くと合格祈願と梅で有名な北野天満宮がある。

春を彩る御室桜の見物に多くの人が集う

仁和寺

➡P.15

にんなじ

888(仁和4)年に宇多天皇が開創、元号から仁和寺と名付けられた。ソメイヨシノやしだれ桜も有名だが、御室桜で知られている。

☎075-461-1155
住京都府京都市右京区御室大内33　交市バス・御室仁和寺下車すぐ

枯山水の庭園、石庭であまりにも有名な禅寺

龍安寺

➡P.194

りょうあんじ

細川勝元が徳大寺公の山荘を譲り受けたもので、1450(宝徳2)年に創建。応仁の乱で焼失後、勝元の子、政元が再興。石庭もこの時作られた。

☎075-463-2216　住京都府京都市右京区龍安寺御陵ノ下町13　交市バス・竜安寺前下車すぐ

拝観のほか、坐禅会や写経会など、仏に触れる機会も

妙心寺

みょうしんじ

臨済宗妙心寺派の大本山。1337(建武4)年、京都北西部、花園と呼ばれる地をこよなく愛した花園法皇の離宮を禅寺にし妙心寺と名付けた。

☎075-461-5226
住京都府京都市右京区花園妙心寺町1
交JR花園駅から徒歩5分

龍安寺
西源院
鏡容池
竜安寺前
きぬかけの路
金閣寺から仁和寺へと続く約2.5kmの道をきぬかけの路と呼ぶ。徒歩30分ほどなので散策に最適
仁和寺
蓮華寺
御室仁和寺
いっぷく茶屋
御室仁和寺駅
仁和寺を参観したらひと休みに甘味を。門前にあるいっぷく茶屋で桜にちなんだスイーツはいかが？
御室小
妙心寺駅
妙心寺
双ケ丘中
花園駅
162
宇多野駅
帷子ノ辻駅

モデルプラン

午前

金閣の美しさを徹底的に追求してみたい

朝一番の金閣を鏡湖池越しにいろいろな角度から眺めたあとは、夕佳亭など境内を見学。華やかな金閣とは異なる庭園美も見つけたい。見返り金閣を見るのも忘れずに。きぬかけの路を経て龍安寺へ。

午後

きぬかけの路沿いをのんびり散策。北部京都を満喫

昼食は龍安寺境内の西源院で湯豆腐と精進料理を。食後は仁和寺へ。桜の季節でなくとも新緑や紅葉が楽しめる。参拝後は甘味処・いっぷく茶屋でひと休み。桜にちなんだスイーツに桜の景色を偲ぶのもいい。

原谷苑
氷室道
金閣寺裏の氷室道のさらに西北の原谷苑には約20種400本以上の桜があり、季節には一般公開される
金閣寺
鏡湖池
金閣寺道バス停
衣笠中
金閣小
木辻通
わら天神宮
衣笠山
京都府立堂本印象美術館
立命館大学前
きぬかけの路
立命館大
等持院
平野神社
北野天満宮
衣笠小
衣笠校前
天神川
洛星中・高
天神市
千本今出川
堀川今出川
西大路通
北野天満宮前
嵐電北野線
等持院駅
今出川通
北野白梅町駅
毎月25日、北の天満宮の縁日には天神市が盛大に立つ。掘り出し物も見つかるかもしれない
一条通
京都学園中・高
山城高
花園中・高
妙心寺通

立ち寄りグルメ

精進料理

龍安寺にある西源院では気軽に精進料理がいただける。庭園の眺めに安らぎながら食事を。

学問の神様、菅原道真公を祀る

北野天満宮《きたのてんまんぐう》

➡P.31・102

全国の天満宮・天神社の総本社。この地に神殿ができたのは947（天暦元）年。毎月25日は菅原道真公の誕生日6月25日にちなみ、縁日の天神市で賑わう。

075-461-0005　住 京都府京都市上京区馬喰町　交 市バス・北野天満宮前下車すぐ

おおよそ1カ月半にわたり桜が観賞できる

平野神社《ひらのじんじゃ》

平安遷都と同時にこの地に還座した。当時は御所と同じ広さだったという。現在は200m四方の敷地に、約60種400本の桜が植わる。

075-461-4450
住 京都府京都市北区平野宮本町1　交 市バス・衣笠校前下車、徒歩3分

いにしえの姿を受け継ぐ社に
日本神話の最高神が住まう

6 伊勢神宮《いせじんぐう》

2013年の式年遷宮を過ぎてなお、
年間1000万人超の参詣客を迎える。
静かな早朝のうちに訪れてみたい

日本全国8万社余の神社の本宗
式年遷宮で再生を繰り返す古代の社

伊勢市内で4㎞ほど離れてある、内宮と外宮の総称が伊勢神宮。正式には神宮という。三重県内の4市2郡にまたがる別宮や摂社、所管社を含めると宮社の総数は125社にのぼる。五十鈴川のほとり、深緑に囲まれた内宮の最奥部に、神宮最上の神域とされる正宮がある。祀られるのは、日本の神々の最高位にして日本の総氏神とされる天照大御神。『日本書紀』によれば、約2000年前、天照大御神が恵み豊かな伊勢を自身の鎮座地に定め、その500年後、神の食を司る豊受大御神を外宮に迎えたという。御垣からわずかにのぞく正宮の御正殿や別宮の古式ゆかしいたたずまいが、参拝者を神話の世界へと誘う。

キーワード

▶**天照大御神** 神話で国生みを行なったとされる伊邪那岐命《いざなぎのみこと》の娘神。天界の高天原を統治し、天岩戸伝説が有名。

▶**豊受大御神** 伊邪那岐命の妻・伊邪那美命《いざなみのみこと》から生まれた女神。食物を司る衣食住や産業、五穀豊穣の神様。

御祭神 【内宮】天照坐皇大御神《あまてらしますすめおおみかみ》(天照大御神《あまてらすおおみかみ》)
【外宮】豊受大御神《とようけのおおみかみ》

御利益 国家安寧、人生発展など

[TEL]0596-24-1111(神宮司庁)
[時間]5:00～18:00(5～8月は～19:00、10～12月は～17:00) [休]無休 [料金]無料
[URL]www.isejingu.or.jp
【外宮】 [所在地]三重県伊勢市豊川町
[アクセス]JR/近鉄・伊勢市駅から徒歩5分
【内宮】 [所在地]三重県伊勢市宇治館町1
[アクセス]JR/近鉄・伊勢市駅から三重交通バス・内宮前行で20分、終点下車すぐ

注目の行事

3月下旬～4月上旬 神宮奉納大相撲 じんぐうほうのうおおずもう
大相撲春場所に合わせて行なわれ、幕内力士のトーナメント戦(有料)や、横綱・三役による内宮神苑での土俵入りを披露。

4月28～30日 春の神楽祭 はるのかぐらさい
9月22～24日 秋の神楽祭 あきのかぐらさい
神恩に感謝を捧げ、国民の平和を祈って春と秋に開催。見学可能で、舞楽や神苑でのさまざまな行事が行なわれる。

10月15～25日 神嘗祭 かんなめさい
神宮の最重要行事。神宮神田で栽培された新穀を捧げ、五穀豊穣を祈願。奉幣の儀、神楽などを行なう。

見どころをCheck!!

外宮 境内案内

小さな橋が世俗と聖域を隔てる

表参道火除橋
おもてさんどうひよけばし

表参道の入口にあり、防火のために設けられた堀川に架かるため、この名がついた。江戸時代までは付近に民家が並んでいたという。橋を渡れば神域だ。

ハナショウブの咲く時季は華やか

まがたま池
まがたまいけ

三種の神器のひとつでもある古代の装身具「勾玉」の形をした池。6月頃にはハナショウブが花開く。周囲に散策路があり、近くの三集殿で休憩できる。

心身を清めて社殿へ向かう正面通路

表参道
おもてさんどう

手水舎でお清めをしたら、玉砂利が敷かれ、両側に樹木の生い茂る表参道へ。橋を渡ってすぐのところに、平清盛が参宮した際、冠に触れた枝を切らせたと伝わる清盛楠の巨木がある。

お守りや御朱印の記帳はここで

神楽殿
かぐらでん

入母屋造りの建物で、神楽の奉納や御饌などの祈祷を行なう。お札やお守りを授け、祈祷の受付をする神札授与所もある。2000(平成12)年造営。

Column!!
お伊勢参りは「外宮から」がならわし

伊勢神宮では外宮、内宮の順に参拝するのが昔からの慣習。内宮・外宮のどちらかだけを参拝する「片参り」は避けるべきとされる。表参道では、神様の通り道である中央は避け、外宮は左側、内宮は右側を歩く。参拝は、正宮、第一別宮、ほかの別宮の順に。また、神宮は個人的な願いではなく、国や世界の平安を願い、神様に感謝する場所。

御垣からわずかに正宮の屋根を望む

正宮《しょうぐう》

4重の御垣に囲まれた、外宮で最も神聖な場所。最奥部に御祭神を祀る唯一神明造の御正殿、左右に西宝殿と東宝殿が建つ。一般参拝で入れるのは、外から2つめの垣に設けられた外玉垣南御門まで。隣接する更地(古殿地)は、次の式年遷宮で新正宮を建てる場所。

Column!!

毎日欠かさず行なわれる
日別朝夕大御饌祭

食物の神様を祀る外宮では毎日朝夕、神々に食事(御饌)を供える日別朝夕大御饌祭(ひごとあさゆうおおみけさい)の儀式を行なう。神職らは特別な道具で清浄な火を起こし、上御井神社で聖水を汲み、竈で米を蒸す。ご飯のほか、カツオ節、魚類、野菜、果物、海藻、塩、清酒、水の9品目が並ぶ。米や野菜・果物は領地内で栽培し、自給自足が基本。外宮正殿の背後にある御饌殿が儀式の場、つまりは神様の食堂だ。1500年前の外宮創建以来、絶え間なく行なわれている。

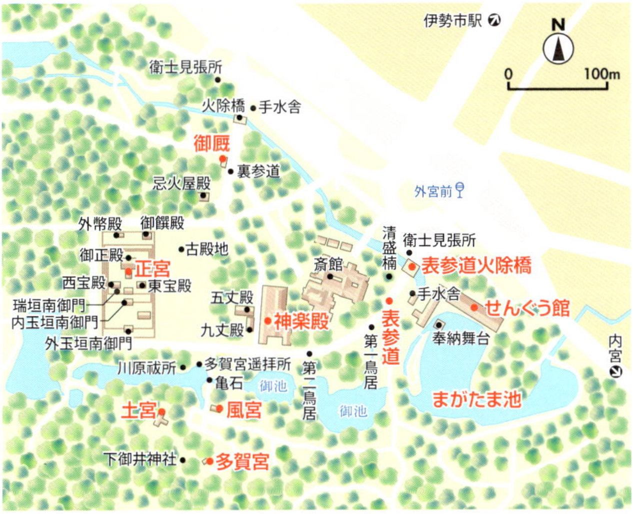

式年遷宮について解説

せんぐう館《せんぐうかん》

2013(平成25)年の式年遷宮を記念して建設。式年遷宮や伊勢神宮について紹介する。御正殿の一部を再現した原寸大模型もある。

参拝ポイント

**御正殿の模型で
唯一神明造の様式をチェック**

御正殿や別宮の建物は日本最古の建築様式の神明造。高床で切妻・茅葺きの屋根が特徴だ。なかでも御正殿は、畏れ多くて真似が許されないため「唯一神明造」と呼ばれる。外宮と内宮でほぼ同じだが、屋根装飾の鰹木の本数、千木の切り口の向きが異なる。

小高い丘に建つ
第一別宮の格式

多賀宮《たかのみや》

御祭神は豊受大御神の荒御魂(あらみたま)。荒御魂とは、より活動的な御魂のことをさす。農業など産業に携わる人々からの信仰が篤い。

土地を守る神様

土宮《つちのみや》

別宮のひとつ。外宮の創建以前からの土地の守り神で、平安末期からは宮川の治水を守る堤防の守護神に。ほかの別宮は南向きだが土宮のみ東向きに建つ。

風雨を司る神様

風宮《かぜのみや》

級長津彦命と級長戸辺命を祀る別宮。内宮の風日祈宮と同様、鎌倉時代の元寇で、蒙古軍に神風を吹かせたと伝わる。天候の順調と五穀豊穣を祈祷する場所。

穏やかな表情の
白馬に会える

御厩《みうまや》

皇室より奉納された2頭の神馬がいる。毎月1・11・21日の8時過ぎ、菊家紋入りの馬衣をつけて正宮へお参りに行く姿を参道から見学できる。

見どころをCheck!!

内宮 境内案内

純和風檜造りの聖地への懸け橋

宇治橋《うじばし》

五十鈴川に架かる聖地と俗世をつなぐ橋。長さ約100mの和風のそり橋で、20年に一度の式年遷宮の際に新たな橋に架け替えられる。

参拝ポイント

神苑の鶏たちは神の使い

宮域でのびのび放し飼いにされる鶏たち。鶏は天照大御神の使いとされている。天岩戸伝説で、岩屋に隠れた天照大御神を導き出すのに鶏の鳴き声が一役買ったからという。神宮の数々の神事で鶏が活躍する。

Column!!

皇室中心の信仰から庶民の聖地へ

『日本書紀』によると、神宮の起源は約2000年前の崇神天皇の時代。天照大御神が宮中からの遷宮先を探していたところ、伊勢の五十鈴川のほとりを気に入り、鎮座したのが始まりという。約500年後には、食を司る豊受大御神を祀る外宮が創建された。元来、神宮は天皇が祖神の天照大御神に祈祷をする場であり、一般の参拝はかなわなかった。天武天皇の時代には、未婚の女性皇族を奉仕者として神宮へ派遣する斎王制度が生まれ、14世紀半ばまで約660年間続けられた。武家時代には最高神を祀る社として武将らの崇敬を集め始めるが、中世の戦国時代に神宮の財政は徐々に逼迫する。神職が資金調達を行なう御師となって全国を行脚し、庶民にも伊勢参りをすすめたことで、一般参拝の道が開けた。五街道が整った江戸時代には、おかげ参り(お伊勢参り)が大流行。旅費を賄えない人々が団体で旅費を積み立て、代表者を選んでお参りする伊勢講も登場。当時は伊勢への旅が庶民の楽しみであり、一生に一度は叶えたい夢だった。

倭姫命の伝説も残る清流で手と口を清める

御手洗場《みたらし》

五十鈴川の岸辺に設けられた清めの場。敷きつめられた石畳は徳川綱吉の生母・桂昌院が江戸前期に寄進したとされる。清らかな川で心身を清めよう。

五十鈴川の神様

瀧祭神《たきまつりのかみ》

御手洗場の脇にある内宮の第一所管社。五十鈴川の守り神で水を司る神を祀る。社殿はなく、板垣で囲まれている。

石段の頂上を御垣が囲む最高神の鎮座する聖地

正宮《しょうぐう》

五重の御垣で守られた聖域。一番内側の内院には御祭神を祀る御正殿が中央にあり、神宮で最も神聖な場所とされる。一番外側の板垣内には、南北に宿衛屋を配置。神職が交代で24時間常駐し、正殿を守る。一般の礼拝は板垣の内側にある外玉垣南御門で行なう。

御祭神のもうひとつの姿

荒祭宮《あらまつりのみや》

別宮では最上位にあたる内宮第一別宮。御祭神の持つ二面性のうちの活発な魂(荒御魂)を祀る。別宮では最大の神明造建築だ。願い事があればここでお願いしよう。

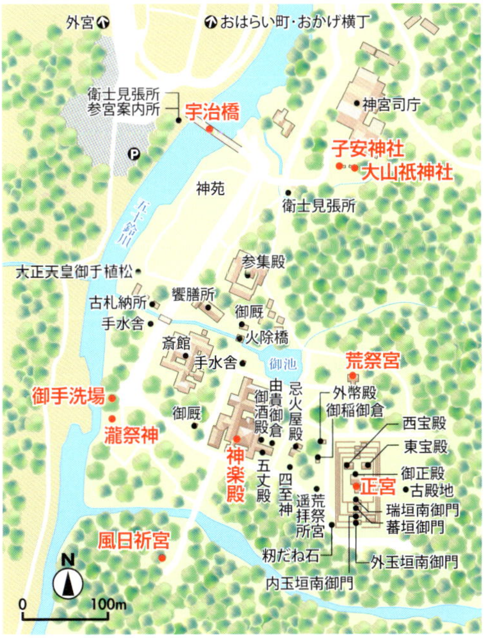

Column !!

20年に一度の神事「式年遷宮」

神社正殿の修繕や造営を定期的に行なう式年遷宮は、神社における最重要神事。伊勢神宮では20年に一度、内宮・外宮の正宮御垣内のすべての建物と14の別宮の建て替えを行なう。併せて、殿内の服飾や調度品などの御装束・神宝も新調。天武天皇の発案により、690(持統天皇4)年に第1回目の式年遷宮が行なわれて以来、戦国時代に中断はあったものの、約1300年間も受け継がれてきた。御用材の伐採祈願を行なう山口祭に始まり、御神体を新宮へ遷す遷御など、多くの神事が8年かけて行なわれる。近年では、2013(平成25)年に第62回式年遷宮が催行された。次回は2033年。旧正殿のあった隣接地(古殿地)へと遷宮される。

風雨の神様に天候と五穀豊穣を願う

風日祈宮《かざひのみのみや》

伊邪那岐命の御子神で、風雨を司る級長津彦命と級長戸辺命を祀る。もとは風社といったが、鎌倉時代に蒙古軍が襲来した元寇の際、この社で祈祷したところ、神風で見事に国を救ったことから、社より上位の宮号を拝し、風日祈宮となった。

神楽の奉納や祈祷を受け付ける

神楽殿《かぐらでん》

入母屋造りの建物。右から神楽殿、御饌殿が並ぶ。希望者に神楽や祈祷の御饌を行なう場所。左端はお札やお守り御朱印を授ける御神札授与所。

南に控える神路山を守る山の神様

大山祇神社《おおやまつみじんじゃ》

神路山の入口に建つ山の守り神。御祭神の大山祇命は、伊邪那岐命と伊邪那美命の子で、子安神社の御祭神・木華開耶姫命の父。娘の社殿と仲良く並び建つ。

安産・子授け祈願に絵馬を奉納

子安神社《こやすじんじゃ》

安産、子授け、子育ての神様。御祭神の木華開耶姫命は、夫の邇邇芸命(天照大御神の孫)にかけられた不貞疑惑を晴らすため、火中で三柱の御子を産んだという。

伊勢神宮

周辺スポットMAP

門前のおはらい町・おかげ横丁はグルメや買物が楽しめるスポット。風光明媚な二見興玉神社や、点在する伊勢神宮の別宮も訪れたい。

松阪駅
松阪駅
参宮線
近鉄山田線
宮町駅
山田上口駅
37
外宮の別宮。月夜見尊と月夜見尊荒御魂を祀る。外宮北御門と月夜見宮を結ぶ道は、神様が行き来した神路道と呼ばれている
月夜見宮
伊勢市駅
伊勢市駅
外宮参道
伊勢神宮(外宮)
宮川
JR伊勢市駅と外宮を結ぶ道。新旧こもごもの多彩な飲食店や商店が並ぶ。休憩や買物に
宇治山田駅
河崎の街並
五十鈴川
奈良時代に行基が開基した日本最古の厄除け観音。龍神伝説が残り、近年、本堂床板に龍の模様ができたと話題に
松尾観音寺
神宮美術館
倭姫宮
徴古館前
南勢バイパス
内宮の別宮。天照大御神に仕えて諸国を巡幸した倭姫命を祀る。神宮で最も新しい1923(大正12)年の創建
伊勢IC
32
伊勢自動車道
五十鈴川駅
近鉄鳥羽線
伊勢やすらぎ公園
勢和多気Jct
伊勢西IC
月読宮
月夜見宮と同じ祭神の月読宮のほか、月読荒御魂宮、伊佐奈岐宮、伊佐奈弥宮の4社の内宮別宮が並んで建っている
猿田彦神社
猿田彦神社前
五十鈴公園
伊勢志摩スカイライン
おはらい町・おかげ横丁
内宮前
伊勢神宮(内宮)
南伊勢

レトロな水運の街

河崎の街並

かわさきのまちなみ

江戸時代に勢田川の水運業で発展。問屋街だった時代の風流な建物がおしゃれなカフェや雑貨屋などに利用されている。

☎0596-22-4810(伊勢河崎商人館) 住三重県伊勢市河崎 交JR/近鉄・伊勢市駅から徒歩15分

昔も今も賑やかな門前横丁

おはらい町・おかげ横丁

おはらいまち・おかげよこちょう

内宮の門前町。古い街並が残り、赤福餅や伊勢うどんなどの伊勢名物の飲食店、みやげ物屋が賑やかに並ぶ。おかげ参りで賑わった江戸時代を思わせる雰囲気を内宮の参拝後に楽しみたい。

住三重県伊勢市宇治中之切町ほか 交JR／近鉄・伊勢市駅から三重交通バス・内宮前行で20分、終点下車すぐ

FamilyMart
24 OPEN

N
0
500m
伊勢湾
二見興玉神社
夫婦岩
二見シーパラダイス
二見浦駅
参宮線
鳥羽駅
原寸大の安土城など、安土桃山〜江戸時代の街並を再現。時代劇やからくり忍者屋敷などの施設が並ぶ
伊勢・安土桃山文化村
五十鈴ヶ丘駅
参宮線
朝熊山麓公園
二見JCT
伊勢二見鳥羽ライン
鳥羽
23
五十鈴川
朝熊IC
37
楠部IC

猿田彦大神を祀る縁結びの神様

夫婦岩・二見興玉神社

めおといわ・ふたみおきたまじんじゃ

神社から望む二見ヶ浦の海には夫婦岩が並び、その沖合約700mの海中に霊石の興玉神石が鎮座。夏至前後の5〜7月には夫婦岩の間から朝日が昇る。

☎0596-43-2020
住 三重県伊勢市二見町江
交 JR二見浦駅から徒歩15分

立ち寄りグルメ

伊勢うどん

やわらかめの麺と、だし汁にたまり醤油を加えた黒いつゆが特徴のご当地うどん。見た目で想像するよりも味は濃くない。

てこね寿司

醤油漬けにしたカツオなどの刺身を、酢飯で食べるちらし寿司。志摩地方で生まれた漁師料理で、マグロなども使われる。

伊勢エビ

秋から冬に味わう自慢の海の幸。活き造りでも焼いてもゆでても美味。豪華な伊勢エビづくし料理を出す飲食店や旅館も。

著名な芸術家らが納めた作品の数々

神宮美術館

じんぐうびじゅつかん

第61回の式年遷宮のために、高山辰夫や東山魁夷など、現代作家が奉納した絵画や書、工芸などの名品が並ぶ。伊勢神宮の歴史についても学べる。

☎0596-22-5533 住 三重県伊勢市神田久志本町1711
交 JR／近鉄・伊勢市駅から三重交通バス・徴古館経由内宮前行で10分、徴古館前下車、徒歩3分

おみやげ

赤福餅

伊勢参りのみやげといえばコレ。やわらかな餅が上品な甘さの餡に包まれる。おかげ横丁に赤福本店がある。

神宮参拝前にお参りする人も

猿田彦神社

さるたひこじんじゃ

伊勢を中心に国土を開拓した「みちひらきの神」の猿田彦大神を祀る。物事を始める前に参拝すると、良いほうへ導いてくれるという。

☎0596-22-2554 住 三重県伊勢市宇治浦田2-1-10
交 JR／近鉄・伊勢市駅から三重交通バス・内宮前行で15分、猿田彦神社前下車すぐ

モデルプラン

午前

まずは外宮を参拝し、伊勢名物のランチでひと休み

JR伊勢市駅から商店の並ぶ外宮参道を歩いて外宮へ。正宮、3社の別宮を参拝し、せんぐう館で御正殿の原寸大模型を見物。お昼は、伊勢うどんやてこね寿司で伊勢の味を楽しむ。食後はバスで内宮へ移動する。

午後

内宮を参詣し、おみやげを買ったら周辺の別宮へ

五十鈴川岸辺の御手洗場で口と手を清め、天照大御神を祀る正宮、2社の別宮をお参り。おはらい町・おかげ横丁でひと休みしておみやげ探し。内宮近くの月読宮、時間があれば猿田彦神社や月夜見宮へも参拝しよう。

お泊まり情報 伊勢市駅にも近い外宮周辺に宿が集中。伊勢エビ料理も楽しめる。夫婦岩近くの二見ヶ浦には、海辺に二見温泉の宿が並ぶ。

東京で最古の歴史を有する
お江戸下町文化の中心地

7 浅草寺《せんそうじ》

東京都
台東区

年間約3000万人もの参詣客が訪れる浅草寺。巨大提灯の下がる雷門と賑やかな仲見世が迎えてくれる

にっぽん
10大絶景寺社

浅草文化の源流をはぐくんだ古刹
賑わう仲見世を抜けて観音堂へ

浅草観音の名で親しまれ、東京随一の参詣客数を誇る。寺の総門である雷門は外国人にも人気の浅草のシンボルだ。『浅草寺縁起』によれば、寺の起源は飛鳥時代の628(推古天皇36)年。檜前浜成《ひのくまのはまなり》・竹成《たけなり》の兄弟が隅田川で漁の最中に観音像を発見し、土地の長の土師中知《はじのなかとも》が自宅を寺にして祀ったという。寺は江戸初期に徳川幕府の祈願所となって最盛期を迎え、立派な伽藍を造営。境内に見世物小屋が立ち、仲見世が生まれ、付近に盛り場もできて江戸文化の拠点となった。往時の伽藍は東京大空襲などでほとんど焼失したが、大屋根の観音堂や五重塔などを戦後に再建。都内最古寺の風格と下町風情を今に残す。

キーワード

▶**聖観音像** 本尊である聖観世音菩薩像で、人目に触れることのない秘仏。毎年12月の御開帳の際には、平安初期の円仁作と伝わる、本尊を模した前立本尊を一般公開する。

▶**祈願所** 朝廷や幕府が祈願を行なう場所。浅草寺は幕府の祈願所になったことで徳川家に厚遇され、広大な寺領や壮大な観音堂など伽藍の寄進を受けて大いに発展した。

宗派 聖観音宗
御本尊 聖観世音菩薩《しょうかんぜおんぼさつ》

[TEL]03-3842-0181 [所在地]東京都台東区浅草2-3-1
[アクセス]地下鉄・浅草駅から徒歩5分
[時間]6:00(10～3月6:30)～17:00 [休]無休
[料金]無料 [URL]www.senso-ji.jp

注目の行事

3月18日示現会・10月18日菊供養会 金龍の舞 きんりゅうのまい
本尊の観音菩薩が出現した際、空から龍が舞い降りたとの故事にちなむ。長さ18mの金龍による舞が奉演される。

7月9・10日 四万六千日 しまんろくせんにち
この日に参拝すれば4万6000日参拝したのと同じ功徳があるという。境内には浅草の夏の風物詩、ほおずき市が立つ。

12月17・18日 歳の市(羽子板市) としのいち(はごいたいち)
12月の縁日は歳の市と呼ばれ、正月の縁起物とされた羽子板の市が立つ。恵比寿大黒天御影や縁起小判も手に入る。

参拝アドバイス

ご本尊は観音様です。合掌し、「南無観世音菩薩(なむかんぜおんぼさつ)」とお唱えしましょう。雷門裏側に奉安されている平櫛田中氏ら制作の二竜神像、あの芭蕉も聞いて「鐘は上野か浅草か」と詠んだ「時の鐘」など、隠れた見どころも豊富です。ぜひ私たちの無料ガイドをお申し込みください!

台東区
観光ボランティアガイド
[URL] www.taitouboragai.com

見どころをCheck!!

境内案内

本尊が出現した駒形橋のたもとに創建

雷門
かみなりもん

寺の総門で、正式名は風雷神門。右に風神像、左に雷神像が立ち、寺を守護する。高さ4mの現在の大提灯は、実業家の松下幸之助が寄進した。

約90軒の商店が参拝客を賑やかに迎える

仲見世通り
なかみせどおり

参道に続く約250mの商店街。江戸時代前期に、境内の清掃を任された付近の住民が、その代価として出店を認められたのが始まりという。

入母屋造り本瓦葺きの堅牢な構え

宝蔵門
ほうぞうもん

仁王尊を祀り、高さ約23m。度重なる火災に遭い、現存のものは1964(昭和39)年の再建。2層に寺宝を納めているのが名の由来だ。提灯は小船町、吊灯籠は魚河岸講の寄進。

参拝ポイント

巨大な仁王尊像と「大わらじ」に注目!
檜造りの勇壮な姿の阿吽の仁王尊は、身体健全や厄災除けの守護神。裏手に下がる大わらじは長さ4.5mで重さ500kg。仁王様の強大なパワーの象徴で、寺を守り、魔除けにもなるという。

江戸時代の建築が残る

伝法院

でんぼういん

住職の修行場であり、住まいに利用する浅草寺の本坊。江戸中期の客殿や玄関が残り、小堀遠州作とされる回遊式庭園がある。現在は非公開。

外陣の天井画も必見の美しさ

本堂（観音堂）

ほんどう（かんのんどう）

外陣と畳敷きの内陣に分かれ、内陣中央の宮殿（くうでん）に本尊（秘仏）と前立本尊を安置。遠目にもそれとわかる、高くて急勾配の大屋根が特徴だ。現在の建物は1958（昭和33）年に再建。

江戸期の姿を残す

二天門

にてんもん

浅草寺の東門。もとは浅草東照宮の随身門だったが、社殿は焼失。徳川家綱霊廟から拝領した増長天と持国天を安置。

独特の建築様式

五重塔

ごじゅうのとう

将軍家光が寄進した国宝の塔は、本堂とともに東京大空襲で焼失。1973（昭和48）年に再建され、高さ48m。塔を囲み、基壇と一体化した建物を持つ塔院形式の建築。最上階に仏舎利を安置する。

参拝ポイント

「三社祭（➡P.203）」で有名な浅草神社にもお参り

浅草寺の隣に建つ浅草神社は三社様とも呼ばれ、旧名は三社権現社。三社とは、浅草寺の本尊を発見した檜前浜成・竹成の兄弟と、最初に本尊を祀った土師中知の3人。この三社を祀るため、神社が創建された。

浅草神社 あさくさじんじゃ

☎03-3844-1575　住東京都台東区浅草2-3-1

Column!!

「凶」が出ることが多い？ 浅草寺のおみくじ

凶の出る割合が多いといわれる浅草寺のおみくじ。観音百籤という日本古来の形式に則って、凶の数を3割にしているそうだ。10人に3人が引く確率。寺社での凶の平均は1割程度というから、多く感じるのも当然だ。凶のおみくじが出たら境内の指定場所へつなぎ、観音様との縁つなぎをして帰ろう。

浅草寺病院
言問通り
浅草花やしき
ホテル京阪浅草
浅草神社
浅草寺
つくばエクスプレス
浅草駅
浅草今半
花川戸公園
宝蔵門
六区ブロードウェイ
浅草演芸ホール
伝法院
木村家本店
浅草小
木村家人形焼本舗
本覚寺
浅草ROX
伝法院通り
大黒屋
浅草公会堂
江戸もんじゃひょうたん
かっぱ橋道具街
浅草駅
隅田公園
東本願寺
オレンジ通り
まさる
舟和
仲見世通り
東京都観光汽船の水上バス乗場。隅田川ライン・コースは、12の橋を巡る片道約40分の船旅
上野駅
調理道具や厨房設備などの専門店約170店がずらりと並ぶ。食品サンプルが外国人観光客に人気
雷門通り
常盤堂
雷門
雷おこし本舗
神谷バー
浅草駅
観光船乗場
国際通り
浅草局
浅草通り
田原町駅
田原小
吾妻橋
6
東京メトロ銀座線
永見寺
仙蔵寺
渡し船の「竹町の渡し」があった場所で、江戸時代に橋が生まれた。現在の橋は1931(昭和6)年の建造
浅草駅
駒形橋
江戸通り
桃林寺
両国Jct
秋葉原駅

浅草寺

周辺スポットMAP

浅草寺の界隈は下町文化の中心。連なる商店街を歩いてまわるだけでも楽しい。隅田川を挟んだすぐ先に人気の東京スカイツリータウン®がある。

老若男女が楽しめる日本最古の遊園地

浅草花やしき

あさくさはなやしき

江戸末期に花園として誕生。レトロなアトラクションが揃い、民家をすり抜けて走るローラーコースターはスリルがある。

☎03-3842-8780
住 東京都台東区浅草2-28-1
住 地下鉄・浅草駅から徒歩5分

娯楽の街・浅草六区にある落語定席

浅草演芸ホール

あさくさえんげいホール

落語のほか漫才や手品など多彩な演芸を披露。基本は昼夜入れ替えなし。萩本欽一やビートたけしを輩出。

☎03-3841-6545 住 東京都台東区浅草1-43-12 住 地下鉄・浅草駅から徒歩6分

モデルプラン

午前

浅草寺と周辺の寺社を巡って浅草の歴史散策

雷門からみやげ物屋で賑わう仲見世を通って浅草寺へ。秘仏を祀る本堂、浅草神社を参拝し、隅田川河畔の隅田公園を散歩。待乳山聖天、今戸神社と寺社巡りを楽しんだら、もんじゃや江戸前天丼の昼食を満喫。

午後

浅草の新旧下町カルチャーを遊び尽くす

レトロ遊園地の浅草花やしきや浅草演芸ホールで下町の娯楽を楽しむ。地下鉄で移動して東京スカイツリー®へ。展望台から大都会・東京を堪能。あるいは吾妻橋から水上バスに乗り、のんびり隅田川遊覧で過ごす。

立ち寄りグルメ

もんじゃ

鉄板で焼いた生地をヘラではがしながら味わう下町の味で、浅草が発祥という。チーズや海鮮など具材は多彩。

江戸前天丼

江戸前とは東京湾で獲れた魚介のこと。エビや穴子、キスなどをゴマ油でサクサクに揚げ、豪快に盛り付ける。

N
0
100m
今戸神社
浅草高
台東リバーサイド
スポーツセンター
潮江院
桜橋
待乳山聖天
浅草寺の子院で浅草七福神のひとつ。本尊は大聖歓喜天。夫婦円満や商売繁盛の御利益で知られる
堀切Jct
314
隅田公園
三囲神社
6
墨堤通り
言問橋
小梅小
6
水戸街道
隅田川
牛嶋神社
常泉寺
向島線
隅田公園
本行寺
北十間川
墨田区役所
とうきょうスカイツリー駅
東武スカイツリーライン
押上駅
曳舟駅
東京スカイツリータウン®
東京スカイツリー®
東京ソラマチ®
たくさんのショップや飲食店が集まる東京ソラマチやプラネタリウム、水族館など遊びどころ豊富
押上駅
アサヒビール本社
金色の巨大オブジェで有名なスーパードライホール。下階のビアホールで、のどの渇きを癒そう
都営浅草線
浅草通り
本所吾妻橋駅
錦糸町駅

©TOKYO-SKYTREE

世界一高い電波塔から東京を俯瞰する

東京スカイツリー®

とうきょうスカイツリー

2012(平成24)年開業。下町の新名所となったタワーは高さ634mの自立式電波塔。晴れた日には、地上350mの天望デッキや450mの天望回廊から、関東一円の大パノラマを満喫できる。

☎0570-55-0634(東京スカイツリーコールセンター)
住東京都墨田区押上1-1-2　交東武鉄道・とうきょうスカイツリー駅／地下鉄・押上駅からすぐ

境内で招き猫が迎える良縁スポット

今戸神社

いまどじんじゃ

平安後期創建。浅草七福神の福禄寿を祀る。招き猫発祥の地との説があり、良縁の御利益があるというなで猫石碑が立つ。

☎03-3872-2703　住東京都台東区今戸1-5-22　交地下鉄・浅草駅から徒歩15分

徳川吉宗が植えた約700本の桜並木

隅田公園

すみだこうえん

隅田川の両岸に遊歩道が続き、春は桜の名所、夏は隅田川花火大会で賑わう。水戸藩邸跡の遺構を生かした日本庭園もある。

交地下鉄・浅草駅から徒歩3分

おみやげ

雷おこし

江戸時代から続く浅草みやげで、名は雷門が由来。サクッとした米菓子で、家を興す、名を起こす縁起物とされる。

人形焼

七福神をかたどった餡入り和菓子。元祖といわれる仲見世の木村家本店では、浅草寺の提灯や五重塔型を販売。

お泊まり情報　昔ながらの手ごろな旅館や大規模な観光ビジネスホテルまで揃う。国際通りの浅草駅近辺や雷門周辺にとくに多い。

天下人の家康が太平の世を願い
都を見守り続ける極彩色の神殿

8 日光東照宮《にっこうとうしょうぐう》

「平成の大修理」で鮮やかに蘇った国宝の唐門。そのほかの社殿も続々と修理が進んでいる

家光が造り出した絢爛豪華な世界 彫刻群が家康の平和への思いを表す

古代より神山とされた男体山《なんたいさん》(二荒山《ふたらさん》)に8世紀後半、勝道上人が入山して寺社を開き、神仏習合の日光山信仰が広まる。天下人の徳川家康は、自身の霊廟を江戸北方にある信仰の地・日光に定める。家康が没した翌年の1617(元和3)年に日光東照宮が創建、東照大権現となった家康が祀られた。創建時は本人の希望どおり簡素だったが、1636(寛永13)年、祖父・家康を敬愛する3代家光が絢爛豪華な社殿に大改築する。総工費は現在の価格で約400億円。名匠らの手による5173の細密な彫刻と極彩色が、国宝8棟を含む社殿を華麗に彩る。日光山内の二荒山神社、日光山輪王寺とともに世界遺産に登録された。

キーワード

▶**徳川家康** 陰陽道に通じ、江戸の街づくりや東照宮の造営地選びにも生かしたという。江戸城と北極星(宇宙の中心とされる)を結ぶ直線上にある日光を廟所にしたとされる。

▶**徳川家光** 父・秀忠は弟の忠長を寵愛したが、家康の口添えで家光は3代将軍に。家康に大きな恩を感じていた。

御祭神 徳川家康公《とくがわいえやすこう》

御利益 家内安全、身体健全など

[TEL] 0288-54-0560　[所在地] 栃木県日光市山内2301
[アクセス] JR／東武日光駅から世界遺産めぐりバスで10分、表参道下車すぐ　[時間] 8:00～17:00(11～3月は～16:00)　[休] 無休　[料金] 1300円
[URL] www.toshogu.jp

注目の行事

1月1日 歳旦祭 さいたんさい
元旦の午前0時から3時まで、陽明門が年に一度だけライトアップされ、参詣客を迎える。祭典への一般参列は行なっていない。

5月17・18日 例大祭 れいたいさい
初日に流鏑馬神事が奉納され、3基の御輿が二荒山神社へ渡御。翌18日には輿を中心に1200余名の武者行列が山内を練り歩く。

参拝アドバイス

日光東照宮は、世界遺産「日光の社寺」のひとつ、徳川家康公を神様として祀った神社です。境内には、霊獣・動物・植物・人物などの彫刻が5000以上もあります。あなたのお気に入りの彫刻を探してみるのも面白いですよ！

日光市観光協会
鈴木 歩羽さん

見どころをCheck!!

境内案内

境内入口で迎える
優美なたたずまい

五重塔

ごじゅうのとう

1648(慶安元)年に創建され、のちに焼失。1818(文政元)年に再建した。高さ約35mで、1～4層は和様、5層のみ唐様で建てられた。1層の各面には十二支の彫刻が施されている。

有名な彫刻の猿たちが神馬を守る

神厩舎の三猿

しんきゅうしゃのさんざる

神厩舎とは、神に仕える神馬をつなぐ馬小屋。有名な「見ざる、聞かざる、言わざる」の三猿のほか、多くの猿が彫られたのは、猿が馬を守るとされるため。

参拝ポイント

猿の彫刻に秘められた人生のストーリー

神厩舎の猿の彫刻は、幼少期から結婚、妊娠までの人の一生を8場面に分けて擬人化したもの。有名な三猿の彫刻は、親が幼な子に世間の悪を「見せない、言わせない、聞かせない」ようにしている姿だ。

天井で巨大な鳴竜がにらみを利かす

本地堂の鳴竜

ほんじどうのなきりゅう

天井板には、巨大な龍の墨絵があり、下で拍子木を打つと鈴のような音が反響する。狩野安信の原画は1961(昭和36)年に焼失し、復元された。薬師如来を祀ることから薬師堂の名でも親しまれている。

圧倒的な美しさで本殿前に建つ国宝

陽明門《ようめいもん》

500以上の彫刻で埋め尽くされ、日が暮れるのも忘れて見惚れることから「日暮の門」とも呼ばれる。霊獣や中国の子供が遊ぶ姿などが見られる。2017年までの予定で修復中。

参拝ポイント

「平成の大修理」で蘇る陽明門

2003(平成15)年から始まった「平成の大修理」では、傷みや劣化が見られる境内の社殿を順次改修。現在は陽明門を修復中。完了するのは2017年春頃の予定だ。

平成の大修理を終えてより華麗な姿に

唐門《からもん》

全体に白で塗られた唐破風屋根の門。龍や中国の故事にちなんだ細かな彫刻、飾り金具や鮮やかな透かし塀など優雅な装飾が見どころ。国宝。

国宝ならではの荘厳で芸術的な建物

拝殿・本殿《はいでん・ほんでん》

例祭や祭典を行なう中心社殿。本殿に神霊を祀る。拝殿の無数の彫刻や紋様が豪華。拝殿左右にある着座の間の鳳凰と鷹の彫刻はとくに芸術的評価が高い。

伝説の名匠・左甚五郎作という有名彫刻

東廻廊の眠り猫と雀《ひがしかいろうのねむりねことすずめ》

東廻廊の奥宮への入口にある、穏やかな表情の眠り猫の彫刻。その真裏で天敵がいながら安心している姿の雀。家康の天下太平の願いを表すため彫られたという。

かつては将軍しか参拝できなかった

奥宮《おくみや》

彫刻や模様を廃した黒漆塗りの拝殿。その奥の宝塔の下が家康の廟。宝塔は綱吉の時代の青銅製。最奥部に推定樹齢600年の叶杉があり、根元の祠で祈ると願いが叶うという。

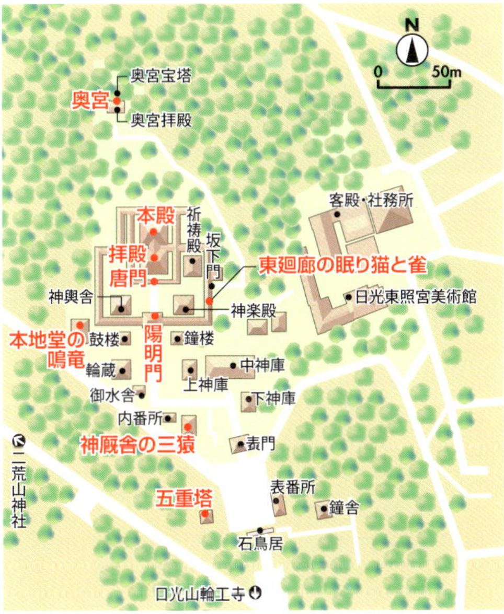

Column

徳川家康埋葬の地に建つ久能山東照宮

1616(元和2)年4月17日に世を去った徳川家康は、遺言によって、晩年を過ごした駿府(現在の静岡)にある久能山で最初に埋葬され、久能山東照宮が造営された。本殿と拝殿を石の間でつなぐ権現造による最初の建物とされ、のちにこの権現造が日光東照宮をはじめ、全国に建つ東照宮で踏襲されることになる。没年の翌年、家康の霊廟は日光へと移される。一説によれば、家康の亡骸は今も久能山東照宮にあり、日光へは分霊が勧進したと考えられている。

日光東照宮

周辺スポットMAP

日光山内と呼ばれる東照宮周辺では二荒山神社と日光山輪王寺もマストスポット。いろは坂を上りきると中禅寺湖畔の高原リゾート地帯が開ける。

モデルプラン

午前

日光山内で華麗で歴史の詰まった寺社巡り

日光山内の寺社を巡る。日光東照宮の極彩色の社殿、三猿などの彫刻を見物。日光山輪王寺の三体仏をお参りし、縁結びと福の神の二荒山神社へ。昼食は名物のゆばの懐石料理を満喫。公共交通機関利用なら世界遺産めぐりバスが便利。

午後

奥日光の自然を楽しみ、白濁の湯に浸かる

いろは坂を通って奥日光の景勝地へ。華厳ノ滝を見物したら、二荒山神社 中宮祠を参拝し、重要文化財の唐門や本殿・拝殿を見学。中禅寺湖の遊覧船や戦場ヶ原の湿原散策のあとは、日光湯元温泉で日帰り入浴をしてひと休み。

立ち寄りグルメ

日光ゆば

修行者が食べた精進料理が起源という日光名物。フルコースのほか、揚げゆば饅頭も。

おみやげ

羊羹

皇族出身の輪王寺法親王に好まれ、公家や武家に広まったという。日光の名水で作る。

丸沼高原
三岳
日光湯元温泉
山に囲まれた景勝地で、湖畔に一周3kmの散策路がある。マス釣りで知られ、とくに紅葉が美しい
湯ノ湖
湯滝
日光アストリアホテル
光徳牧場
日本ロマンチック街道
ミズナラ林に囲まれた草原地帯。湿原と草原の両方の特徴があり、草紅葉の時季は赤や黄色に包まれる
戦場ヶ原展望台
戦場ヶ原
小田代原
120
赤沼
赤沼自然情報センター
男体山
標高2486mの男体山山頂に奥宮がある。8世紀末に勝道上人が建てた祠が起源。中宮祠から徒歩約4時間
二荒山神社 奥宮
竜頭ノ滝
中禅寺金谷ホテル
本社と奥宮の中間にある。本殿や唐門は重要文化財。本堂脇から奥宮へ向かう山道が続いている
奥日光ホテル四季彩
第一いろは坂
二荒山神社 中宮祠
中禅寺湖
中禅寺温泉
明智平ロープウェイ
遊覧船乗場
華厳ノ滝
48のカーブがあり、「いろはにほへと」のいろはは48音にあてはめたことがその名の由来。紅葉の名所
標高1269mの地にあり、男体山の噴火により生まれた湖。釣りや遊覧船での名所巡りが楽しめる
第二いろは坂

歴史の古い日光の奥座敷

日光湯元温泉

にっこうゆもとおんせん

乳白色の湯で、湯ノ湖畔に温泉街が広がる。日光山信仰の祖・勝道上人が奈良時代に発見したとされる。山と湖に抱かれた静かな地で、無料の足湯も設置。

☎0288-62-2570
（奥日光湯元温泉旅館協同組合）
住 栃木県日光市湯元
交 JR／東武日光駅から東武バス・湯元温泉行で1時間25分、終点下車すぐ

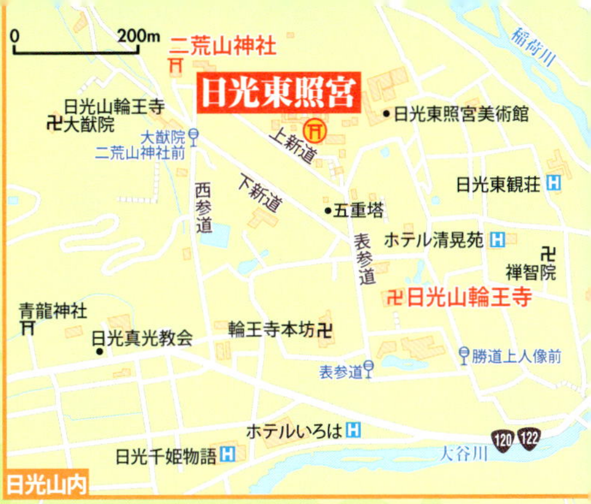

日光山信仰の聖地

二荒山神社

ふたらさんじんじゃ

8世紀末に勝道上人が創建。福の神、縁結びの神とされる大国様を祀る。眼病や若返りに効果があると信じられる二荒霊泉が湧く。

☎0288-54-0535
住 栃木県日光市山内2307
交 JR／東武日光駅から世界遺産めぐりバスで18分、大猷院二荒山神社前下車すぐ

関東屈指の名瀑

華厳ノ滝

けごんのたき

落差97mの豪快な滝は、日本三大名瀑のひとつに数えられる。新緑や紅葉、小滝の凍る冬と、季節ごとに異なる美しい姿を見せてくれる。

☎0288-55-0030
住 栃木県日光市中宮祠2479-2 交 JR／東武日光駅から東武バス・中禅寺温泉または湯元温泉行で45分、中禅寺温泉下車、徒歩5分

天台宗三本山のひとつに数えられる古寺

日光山輪王寺

にっこうざんりんのうじ

奈良時代末期の勝道上人創建による四本龍寺が起源。三仏堂は日光山内で最大の建築物で、高さ7.5mの3体の仏像を祀る。また、池泉回遊式庭園がある。

☎0288-54-0531
住 栃木県日光市山内2300
交 JR／東武日光駅から世界遺産めぐりバスで12分、勝道上人像前下車すぐ

平安初期に弘法大師が創建したと伝わる二荒山神社の別宮。緑の静寂に包まれ、神橋から徒歩30分

滝尾神社

上図

日光東照宮

1873(明治6)年に創業した日本初の西洋式ホテル。館内のクラシックな雰囲気が歴史を感じさせる

裏見ノ滝

松尾芭蕉が「暫くは滝に籠るや夏の初」と詠んだ滝。不動明王を祀る滝の裏側へは現在は通行不可

日光田母沢御用邸記念公園

日光金谷ホテル

丹勢山▲

120

日光宇都宮道路

東武日光駅

日光駅

東武日光線

日光線

下今市駅

清滝

日光

今市駅

日本ロマンチック街道

大谷川

122

N

0 1km

神話の男体山と赤城山の戦場地が名の由来

戦場ヶ原

せんじょうがはら

標高1400mの地に広がる湿原。木道の散策路が設けられ、春から夏はワタスゲやホザキシモツケ、秋には草紅葉が見事。

☎0288-22-1525(日光市観光協会)
住 栃木県日光市中宮祠 交 JR／東武日光駅から東武バス・湯元温泉行で1時間5分、赤沼下車すぐ

お泊まり情報 東照宮周辺は金谷ホテルなどの高級宿から民宿まで豊富。中禅寺湖畔のリゾートホテルや湯元温泉で静かに過ごすのもいい。

見る者を圧する大仏に
天平文化の粋と力が結集

9 東大寺《とうだいじ》

にっぽん 10大絶景寺社

参拝する人々の大きさと比べると
大仏殿の規模の大きさがわかる。
奈良の寺の規模に衝撃さえ感じる

人心のやさしさに包まれた社会と世の安穏を願った聖武天皇

天平文化が花開いた奈良時代だが、一方で世の中は飢饉、干ばつ、天然痘の流行、地震などが相次いで起こり、けっして安泰な社会ではなかった。当時、聖武天皇の思想の基礎となっていたのは華厳経で、東大寺創建の基本にもなっていた。728(神亀5)年、1歳を迎えずに夭逝した皇太子の菩提を弔うために聖武天皇は金鐘山寺《きんしょうさんじ》を建立。これが大和金光明寺《やまとこんこうみょうじ》となり東大寺の前身となった。743(天平15)年、世の中の安泰の願いも込め、ついに大仏造立を発表。伽藍の正面に威風堂々の構えを見せる大仏殿は江戸時代に再興されたもの。被災後は再建されていない建物もあり、造営時の寺域の広大さが想像に難くない。

キーワード

▶**天平文化** 奈良の平城京の時代、7世紀末～8世紀中頃、栄えた貴族・仏教文化。聖武天皇の時代と重なる。

▶**華厳経《けごんきょう》** 万物はそれぞれ密接な相関関係があり、この関係を保つことで平和で秩序ある世界がつくれると説く。

宗派 華厳宗　**御本尊** 盧舎那仏坐像《るしゃなぶつざぞう》

[TEL]0742-22-5511　[所在地]奈良県奈良市雑司町406-1　[アクセス]奈良交通バス・大仏殿春日大社前下車、徒歩5分　[時間]境内自由、大仏殿・法華堂・戒壇堂7:30～17:30(10月は～17:00) 11～3月8:00～16:30(3月は～17:00)　[休]無休
[料金]大仏殿500円、戒壇堂500円、法華堂500円、東大寺ミュージアム500円、大仏殿と東大寺ミュージアムの共通券800円　[URL]www.todaiji.or.jp

注目の行事

3月上旬～2週間 修二会 しゅにえ
752(天平勝宝4)年から続く行事。伽藍が被災したときも休まず毎年行なわれてきた。お水取りは修二会の行のひとつ。

5月上旬 聖武天皇祭 しょうむてんのうさい
大仏建立の原動力となった聖武天皇の法要で、聖武天皇をまつっている天皇殿で行なわれる。この法要中のみ天皇殿の拝観が可能。

参拝アドバイス

南側入口に位置する南大門には運慶、快慶らが作った金剛力士像が安置されており、その迫力は心奪われるほどの力強さです。境内の二月堂の欄干からは正面に大仏殿、その先には奈良市街が見渡せておすすめですよ！

奈良市観光協会
嶋田 純子さん

見どころをCheck!!

境内案内

東大寺の入口にあたる国宝の大門

南大門

なんだいもん

高さ25m余りの威容を誇る。創建は天平時代で、現在の門は鎌倉時代の再建。その姿に力強さを感じるのは屋根裏にまでいたる巨大な円柱によるものだ。

参拝ポイント

2体の金剛力士像も必見!
国内最大の木彫像。左に阿形像、右に吽形像が向き合う。1203(建仁3)年に70日間かけて同時進行で制作されたもので、運慶、快慶、定覚、湛慶の作。

天平から続く東大寺の歩んできた道

東大寺ミュージアム

とうだいじミュージアム

東大寺1300年の歴史と三昧堂にあった木造千手観音立像をはじめ、東大寺が所有する重文、国宝を多数展示。改めて東大寺について学べる。

盧舎那仏坐像を安置する最大級の木造建築

大仏殿

だいぶつでん

東大寺の中心をなす。現在の建物は1691(元禄4)年に再建されたもので、建物正面が57mと創建時より29m小さくなったが、木造軸組建築としては世界最大。

開眼供養に1万人以上 黄金に輝く大坐像だった
盧舎那仏坐像《るしゃなぶつざぞう》

奈良の大仏として著名。盧舎那とは光り輝くという意味。752(天平勝宝4)年の完成時には金色だった。二度の火災に遭ったが再興、現在の姿はおもに江戸、鎌倉期に補修されたもの。

参拝ポイント

大仏様の「数」に注目

大仏の座高は14.98m。丈六という仏像の基本寸法を10倍した数、十は宇宙規模の大きさを表す。実寸は約15mでも意味するところは宇宙大の大きさということだ。ちなみに頭の螺髪(らほつ)と呼ばれるつぶつぶは1つが直径22cm、重さ1.2kg。手のひらは2.56mある。

Column!!
大仏と大仏殿がたどった受難の歴史

752(天平勝宝4)年に大仏が開眼し大仏殿が758(天平宝字2)年に創建したが、100年もしないうちに亀裂ができたという。855(斉衡2)年の大地震では大仏の首が落ちた。最大の災難は2度の兵火に遭ったこと。一度は1180(治承4)年、平重衡らの南都焼き討ちで、伽藍の大半を焼失。さらに1567(永禄10)年、三好・松永の乱で再び焼け落ちた。その後、1世紀を経て1692(元禄5)年、3度再興を遂げた。

お水取りで有名な建物 ご本尊に大小十一面観音
二月堂《にがつどう》

お水取りは修二会ともいわれ、旧暦2月に行なわれることから二月堂と呼ばれる。ほかの建物と違い二度の兵火は免れたが1667(寛文7)年のお水取りの際に失火、現在の建物は1669(寛文9)年に再建された。

参拝ポイント

東大寺の鎮守社・手向山八幡宮

東大寺の大仏や伽藍の建立の際、鎮守の神として宇佐八幡宮(現在の宇佐神宮➡P.100)から分霊されたもので、八幡宮としては初めてのことだった。古くから紅葉の名所として知られ、菅原道真もその素晴らしさを讃え『古今和歌集』に詠んでいる。

手向山八幡宮 たむけやまはちまんぐう
☎0742-23-4404
住 奈良県奈良市雑司町434

日本で初めて建てられた授戒の場所
戒壇堂《かいだんどう》

授戒とは仏道を歩むことを誓った仏弟子に戒を与えること。754(天平勝宝6)年、鑑真が招かれ聖武上皇らを授戒。現在の建物は1732(享保17)年の再建。

兵火を免れた奈良時代の遺構
転害門《てがいもん》

東大寺に残る数少ない創建当時の門で国宝に指定されている。鎌倉時代に改修されたが基本的に創建当時の姿。

東大寺最古の建物は 前身、金鐘寺の遺構
法華堂《ほっけどう》(三月堂《さんがつどう》)

旧暦3月に法華会が行なわれるため法華堂あるいは三月堂と呼ばれるようになった。堂内に残る像の数々も奈良時代のものが多く、一部は東大寺ミュージアムに移されたが、国宝に指定されている像がずらりと並ぶ。

東大寺

周辺スポットMAP

奈良公園を中心に、興福寺や春日大社、元興寺といった世界遺産の寺社が集中。古都らしい街歩きを楽しむなら、町家が建ち並ぶならまちへ。

モデルプラン

午前

大仏に関わってきた人々の息吹を感じる

大仏だけではなく、堂宇や門、さらにそこに祀られている像とゆっくりと対面したい。東大寺ミュージアムで歴史に触れ、数々の像と向き合うのもいい。東大寺の参拝が終わったら、奈良公園を抜け、興福寺へ。

午後

ならまちの町家で江戸や明治の風情を味わう

興福寺から猿沢池を通ってならまちへ。町家を改装したカフェで、遅めのランチでくつろぎたい。ショップにもおみやげにもぴったりの雑貨が見つかる。ならまちの散策を終え、時間があれば高畑を散歩するのもいい。

阿修羅像であまりに有名。ほかにも国宝、重文が多数

興福寺

➡P.178

こうふくじ

669(天智天皇8)年建立。遷都のつど移転、改名し、710(和銅3)年に興福寺となった。阿修羅像など多くの国宝、重文を所持。2018年に中金堂再建の予定。

☎0742-22-7755 住奈良県奈良市登大路町48
交近鉄奈良駅から徒歩5分

ならまち格子に奈良の町家のレトロな風情が漂う

ならまち

猿沢の池の南側、元興寺の旧境内だった一角に江戸や明治時代の面影がしのばれる町家が残り、カフェや雑貨の店が点在する。

☎0742-26-8610(奈良町情報館) 住奈良県奈良市中院町周辺
交近鉄奈良駅から徒歩13分

日本最古の寺、蘇我馬子建立の法興寺が前身

元興寺

がんごうじ

法興寺が平城京遷都にともない元興寺となった。ただし飛鳥の法興寺も本来の場所で飛鳥寺として存続。国宝の極楽坊本堂などが現存。

☎0742-23-1377 住奈良県奈良市中院町11
交近鉄奈良駅から徒歩15分

木津駅
近鉄奈良線
大和西大寺駅
関西本線
奈良駅
天理駅
検察庁
奈良県文化会館
奈良県立美術館
奈良県警察本部
日本画、浮世絵などの奈良県に関わる収集家の作品を中心に展示。収蔵数は4200点を超える
奈良県庁
369
近鉄奈良駅
ホテルアジール・奈良
開化天皇陵
すぐ東に興福寺があるため、通りの店はすべて西側に建っていたことから東向商店街と呼ばれる
国宝館
興福寺
東向商店街
三条通
昔、大蛇退治のため高僧の理源大師にお供をしたこの地の若衆の労をねぎらい、「餅飯の殿」の称号が与えられたことが名の由来
率川神社
本妙寺
もちいどのセンター街
よしだや
猿沢池
椿井小
1909(明治42)年創業。以来、古都奈良の迎賓館として数多くの内外の要人や著名人をもてなしてきた
奈良ホテル
地域活性局が運営する観光案内所。観光名所のほか、カフェやショップも紹介
住吉神社
奈良町情報館
十念寺
杉岡華邨書道美術館
中新屋町
元興寺
ならまち
奈良町資料館
西新屋町
元興寺塔跡
中新屋町から西新屋町にかけては町家が軒を連ねる風情あふれるエリア

柳生
転害門
N
0
100m
龍松院
大仏池
東大寺
古代中国や朝鮮の陶磁器や茶器を集めた寧楽美術館とそれに続く見事な庭園を散策。なかでも依水園は国指定の文化財
鏡池
369
寧楽美術館
依水園
東大寺ミュージアム
南大門
氷室神社
観鹿荘
吉城川
奈良県新公会堂
水谷神社
奈良国立博物館
大仏殿春日大社前
奈良公園
仏教美術資料研究センター
一の鳥居
春日大社の参道南にある鹿の収容施設。10月には恒例の鹿の角きりが行なわれる。資料室もある
春日大社本殿
春日大社宝物殿
春日大社
鹿苑
荒池
高畑は古くからの春日大社の社家町。大正、昭和には文化人が好んで暮らした地で、志賀直哉もそのひとり
名勝旧大乗院庭園に隣接する文化遺産センター。庭園や展示物の鑑賞、ならまち散策の休憩にも最適
名勝大乗院庭園文化館
高畑
志賀直哉旧居
生涯で28回転居した志賀直哉が1929(昭和4)年から9年間暮らした和洋折衷の家
169
感徳寺
不空院
新薬師寺
747(天平19)年、光明皇后が聖武天皇の病気治癒を祈願し創建。現在本堂とされるお堂は奈良時代のもの
天理

立ち寄りグルメ

茶粥

発端は大仏建立の際、節約のため民衆が少量の米で済むお粥を炊いて大仏造営に寄与したことからこの地の名物になった。

柿の葉寿司

酢飯に鯖、小鯛、鮭などをのせ、柿の葉でくるみ、押し寿司にしたもの。柿の葉の殺菌作用を利用し保存をよくした。

おみやげ

奈良漬

平城京の頃からの漬物。シロウリ、キュウリなどを塩漬けにしたあと酒粕に繰り返し漬ける。江戸時代以降、庶民に好まれ普及した。

国家鎮護の古社

春日大社《かすがたいしゃ》

奈良時代の初めに平城京鎮護のため、御蓋山の山頂に武甕槌命(たけみかづちのみこと)が降り立ったことが神社の由来とされる。全国の春日神社の総本社。

☎0742-22-7788 住奈良県奈良市春日野町160 交奈良交通バス・春日大社本殿下車すぐ

仏教美術を中心に収集、展示

奈良国立博物館《ならこくりつはくぶつかん》

なら仏像館は1895(明治28)年の開館で建物自体が重文に指定。東西の新館は校倉造り風のデザインで統一されている。多数の国宝、重文を収蔵。

☎050-5542-8600(NTTハローダイヤル)
住奈良県奈良市登大路町50 交近鉄奈良駅から徒歩15分

お泊まり情報 シティホテルは料金が手ごろだが数は少ない。奈良公園周辺の宿が観光には便利。

国土を築いた神の住まう社で
おごそかな神話の世界に浸る

10 出雲大社《いずもおおやしろ》

にっぽん 10大絶景寺社

壮大な構えで威厳を漂わせる拝殿。巨大な注連縄は、左巻きで中央が太い、出雲系神社独特の形だ

神話の世界に生まれた古の神社
古代神社建築を伝える荘厳な社殿

『古事記』などの神話によれば、出雲大社の祭神、大国主大神は、日本の国土を拓き、生活の源を築いた国造りの神とされる。天界の天照大神が国譲りを迫った際、大国主大神はその条件として巨大な神殿を所望し、出雲大社が生まれたという。毎年、神無月には、全国八百万《やおよろず》の神々が大国主大神の住まう出雲の地に集い、互いの縁を結ぶという。御祭神の鎮座する本殿は日本最大規模を誇り、最古の神社建築様式を今に伝える。大屋根が圧倒する本殿、神楽殿の巨大な注連縄。俗世とは一線を画す厳正な空気が境内を包む。2013(平成25)年には60年ぶりとなる「平成の大遷宮」で、本殿は造営当初の姿を蘇らせた。

キーワード

▶**大国主大神** あらゆるものが互いを幸福にするための縁をつなぐ、結びの霊力があるとされている。そのため、男女の縁だけでなく、人と幸せの縁を結ぶ神様とされている。

▶**神無月** 旧暦の10月で、神々が出雲へ出かけてしまうことから神のいない月＝神無月と呼ばれるように。逆に神々が集まる出雲地方では、旧暦10月を神在月と呼んでいる。

御祭神 大国主大神《おおくにぬしのおおかみ》

御利益 縁結び、子授けなど

[TEL]0853-53-3100　[所在地]島根県出雲市大社町杵築東195　[アクセス]一畑電車・出雲大社前駅から徒歩10分　[時間]6：30～20：00　[休]無休　[料金]無料（宝物殿300円）　[URL]www.izumooyashiro.or.jp

注目の行事

5月14～16日 大祭例 だいさいれい

最も盛大な祭りで、田植え舞や流鏑馬神事、御輿渡御などさまざまな神事や大茶会といったイベントが華々しく行なわれる。

旧暦1月1日 福神祭 ふくじんさい

旧暦元旦の午前1時より、福を招くとされる神楽殿の注連縄の紙垂を取り合う。金・銀・銅・木製の御神像の抽選会も実施。

参拝アドバイス

さまざまな「縁」を司る大国主大神を祀る出雲大社。御本殿を囲っている瑞垣を、右回りに一周しながら御本殿をご覧ください。とくに御本殿の真後ろから見上げると、見る者を圧倒する御本殿をいちばん近くでご覧いただけます。また、出雲大社を詳しくご案内する定時ガイドツアーを行なっています。お1人様500円で1日3回催行していますので、ぜひご参加ください。

出雲観光協会
ガイドリーダー
堀江 舞さん

※詳細は出雲観光協会HP「出雲観光ガイド」
[URL] www.izumo-kankou.gr.jp

見どころをCheck!!

境内案内

本殿正面にある参道の起点の木製鳥居

二の鳥居《にのとりい》

参道入口にある木製の鳥居。かつて、この近くに芝居小屋があり、大勢の人出（人溜まり）があったことから勢溜（せいだまり）の鳥居とも呼ばれる。

参拝ポイント

4つの鳥居をすべてくぐるルートで参拝を

出雲大社には4つの鳥居があり、それらをすべて通るのが本来の参拝ルート。一の鳥居は宇迦橋のたもとにあり、賑やかな神門通りを抜けると二の鳥居が現れる。木製や鉄製など鳥居の材質はすべて異なる。

穢れを清めてくれるありがたい場所

祓社《はらいのやしろ》

参道の右手奥にある小さな社。人々の穢れを祓い清める祓井神（はらいどのかみ）が祀られている。この社に参拝し、身を清めてから本殿へ向かう。

全国でも珍しい下りの参道

松の参道《まつのさんどう》

推定樹齢350年以上の松が並ぶ下り参道。3本のうち中央は神の道なので両端を歩く。

Column!!

「平成の大遷宮」で蘇った荘厳な社殿

現在の本殿は1744（延享元）年の造営以来、3度の遷宮があり、2008（平成20）年には約60年ぶりとなる平成の大遷宮が実施された。出雲大社の遷宮では、伊勢神宮のような建て替えはせずに修繕のみを行ない、造営当時の姿と建築技術を受け継ぐ。2008年4月から5年をかけて、檜皮葺きの屋根の葺き替えなどを実施。屋根上部の千木や勝男木を覆う銅板には、ちゃん塗りという伝統の塗装が130年ぶりに復活した。瑞垣内の社殿の修復も併せて2013年5月に完了。その後、瑞垣の外の社殿の修復が続き、2016年3月にすべて終了する。

門の精緻な彫刻も必見

八足門《やつあしもん》

本殿を囲む瑞垣に設けられた門。普段、一般参拝客が入れるのはここまで。この門から本殿をお参りする。門前の石段下には、古代神殿のものとされる巨大柱の発掘場所を示す石畳がある。

参拝ポイント

出雲大社では「二礼四拍手一礼」で参拝

神社では二礼二拍手一礼が一般的だが、出雲大社は二礼四拍手一礼が作法とされ、どの社殿でも同様だ。八足門で本殿を参拝したら、本殿を囲む瑞垣に沿って反時計回りに進み、各社殿をお参りしよう。

素鵞社
彰古館
文庫
本殿
御向社
天前社
筑紫社
八足門
十九社(西)
楼門
観祭楼
神楽殿
御守所
十九社(東)
拝殿
命主社
宝物殿
庁舎
四の鳥居
神馬・神牛
稲佐の浜
社務所
ムスビの御神像
手水舎
斎館
御慈愛の御神像
素鵞川
松の参道
島根県立古代出雲歴史博物館
三の鳥居
祓橋
旧暦10月10日の夜に、八百万（やおよろず）の神が稲佐の浜から出雲大社へ向かって通る道
浄の池
祓社
二の鳥居
N
0
100m
神門通り/出雲大社駅前

本殿建築では日本最大級

本殿《ほんでん》

御祭神の住まう場所。1744(延享元)年の造営で、高さ24m。日本最古の神社建築様式とされる大社造の社殿で、田の字型に並ぶ9本の柱が支えている。建物は南向きだが、御神座は西向きに鎮座。国宝。

安産・子授けの御利益で知られる

神馬・神牛《しんめ・しんぎゅう》

神様の乗物とされる馬と牛の銅像を厩に安置。馬の鼻先をなでると子宝安産、牛は学業成就や五穀豊穣の御利益があるといわれ、多くの人が触れている。

戦後に建てた本格木造建築

拝殿《はいでん》

参拝者の祈祷を行なう場所。1953(昭和28)年に焼失し、1959(同34)年に再建。大社造りと切妻造りの折衷様式。

中央が太い日本最大級の注連縄

神楽殿《かぐらでん》

神楽などの神事や婚礼が行なわれる。大注連縄は重さ4.4t、太さが8mで、出雲大社では左から巻いて作られるのが特徴。

神様たちの宿泊施設

十九社《じゅうくしゃ》

出雲に八百万の神が集まる旧暦10月の神在祭の間、神々が宿泊する場所。期間中は、神様を迎えるため扉が開放される。

出雲大社

周辺スポットMAP

門前はさまざまなお店が参拝客で賑わう神門通り。「ご縁」にちなんだアイテムも豊富だ。周辺には神話の舞台となったパワースポットも点在する。

古代からの歴史を持つ出雲の古社のひとつ

日御碕神社

ひのみさきじんじゃ

島根半島西端にある下の宮と上の宮の2社の総称。江戸初期建造の社殿は桃山建築を伝える権現造。下の宮は日本の夜を、伊勢神宮は昼を守護しているという。

✆0853-54-5261 住島根県出雲市大社町日御碕455

交一畑電車・出雲大社前駅から一畑バス・日御碕方面行で25分、日御碕下車すぐ

出雲名物もご縁グッズも見つかる通り

神門通り

しんもんどおり

食事処やカフェ、みやげ物屋が賑やかに並ぶ。二の鳥居近くには風情漂うおみやげ・グルメ街のご縁横丁がある。

住島根県出雲市大社町杵築南

交一畑電車・出雲大社前駅からすぐ

夕日もきれいな神話の舞台

稲佐の浜

いなさのはま

沖に弁天島が浮かび、日本の渚100選にも選ばれた風光明媚な砂浜。国譲り神話の舞台で、年に一度神々が集まる地とされるため、出雲大社の神迎神事を行なう。

✆0853-53-2112(出雲観光協会)

住島根県出雲市大社町杵築北2844-73

交一畑電車・出雲大社前駅から一畑バス・日御碕方面行で7分、稲佐浜下車すぐ

出雲日御碕灯台
高さ約44mの日本一高い石積み灯台。上から日本海の絶景を満喫。灯台へ続く道に、ご当地海鮮丼のみさき丼の店が並ぶ
日御碕神社
日御碕
▲高見平山
23
29
N
0
500m

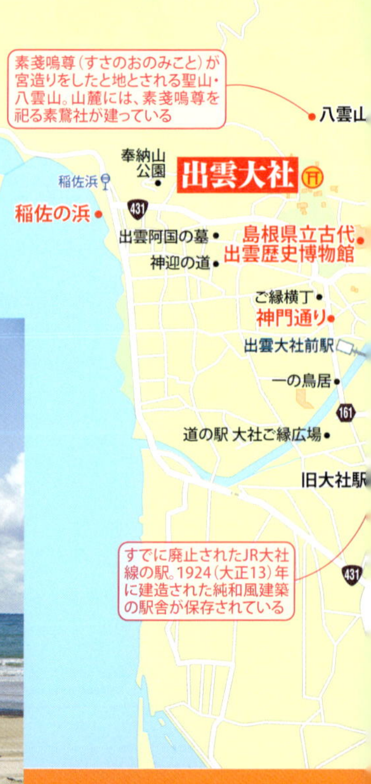

素戔嗚尊(すさのおのみこと)が宮造りをしたと地とされる聖山・八雲山。山麓には、素戔嗚尊を祀る素鵞社が建っている
八雲山
奉納山公園
稲佐浜
出雲大社
431
稲佐の浜
出雲阿国の墓
神迎の道
島根県立古代出雲歴史博物館
ご縁横丁
神門通り
出雲大社前駅
一の鳥居
161
道の駅 大社ご縁広場
旧大社駅
すでに廃止されたJR大社線の駅。1924(大正13)年に建造された純和風建築の駅舎が保存されている
431

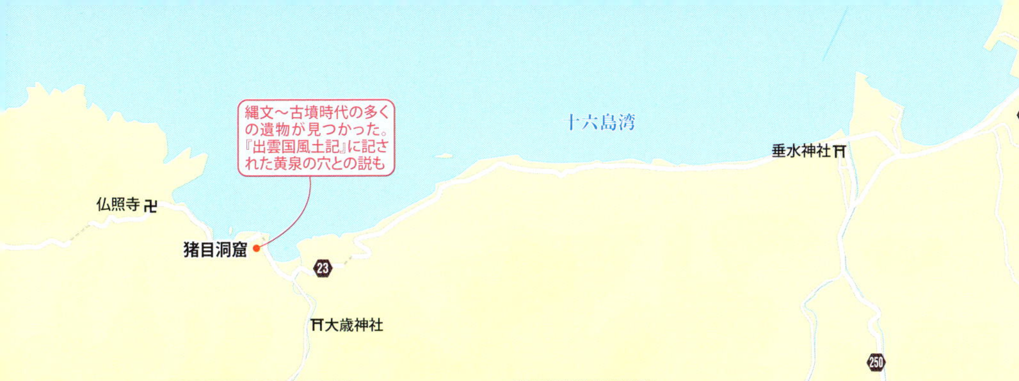

縄文～古墳時代の多くの遺物が見つかった。『出雲国風土記』に記された黄泉の穴との説も
十六島湾
垂水神社
250
仏照寺
猪目洞窟
23
大歳神社
250
竜山
鰐淵寺駐車場
鰐淵寺

立ち寄りグルメ

出雲そば

殻付の実を挽くため色が黒めで風味豊か。丸い漆器に盛る割子そば、そば湯入りの温かな釜揚げなどで味わう。

出雲ぜんざい

出雲大社の神在祭で振る舞われた神在(じんざい)餅がぜんざいの始まりという。汁気が多く塩も効かせるのが特徴。

おみやげ

ご縁グッズ

アクセサリーやお菓子など、縁結びの神様にちなんだご縁グッズが豊富。神門通りなどで買える。

出雲の長い歴史をわかりやすく解説

島根県立古代出雲歴史博物館

しまねけんりつこだいいずもれきしはくぶつかん

出雲の歴史や神話を模型や映像などで紹介。鎌倉時代の出雲大社の本殿の柱や、古代の本殿の縮小模型も展示。

☎0853-53-8600 住島根県出雲市大社町杵築東99-4
交一畑電車・出雲大社前駅から徒歩7分

弁慶が修行した紅葉の名所

鰐淵寺

がくえんじ

594(推古天皇2)年創建とされる天台宗寺院。境内の滝で推古天皇の眼病祈願をし、見事平癒したことから建立されたという。

☎0853-66-0250
住島根県出雲市別所町148
交一畑電車・雲州平田駅から平田生活バス・鰐淵線で25分、鰐淵寺駐車場下車、徒歩15分

高浜川
荘厳寺
431
平田
431
一畑電車大社線
浜山公園北口駅
雲州平田駅
161
28
出雲文化伝承館
大社高
162
浜山公園
明治時代の有力者・江角家の屋敷と枯山水庭園を移築。千利休造営と伝わる茶室も復元された
神西
出雲市駅／湯の川温泉

モデルプラン

午前 出雲大社で神代の世界にたっぷりと触れる

一の鳥居から神門通り、松の参道を歩いて出雲大社へお参り。島根県立古代出雲歴史博物館で出雲大社や出雲地方の歴史を学んだら、神門通りでご縁グッズをおみやげに買い、出雲そばや出雲ぜんざいを味わう。

午後 日本海沿いの景勝地や周辺の古社を巡る

景勝地の稲佐の浜を散策後は湾岸ドライブ。立派な権現造の日御碕神社を参拝し、日御碕灯台から日本海を一望。日御碕名物のみさき丼で新鮮な海の幸を堪能するのもいい。時間に余裕があれば、鰐淵寺まで足を延ばそう。

お泊まり情報 二の鳥居周辺や日御碕に旅館や民宿が点在。出雲大社から車で約30分の距離に日本三美人の湯、湯の川温泉がある。

縁結び・恋愛成就の御利益で人気の寺社

京の水の源。絵馬はここが発祥

貴船神社《きふねじんじゃ》

➡P.32

水の神様、高龗神《たかおかみのかみ》を祀る神社で一帯の森は京の水源のひとつ。境内にある馬の像は雨乞いや晴天を祈るために朝廷から奉献された馬にちなみ、これが絵馬のルーツとなった。水占みくじ、縁結びの地としても有名だ。

[TEL]075-741-2016
[所在地]京都府京都市左京区鞍馬貴船町180

全国から訪れる参拝者が列をなす

鈴虫寺《すずむしでら》

正式名称は妙徳山華厳寺。通年、鈴虫の音が響く願掛けの名所。山門脇には、わらじを履いたお地蔵様がいて、願いを叶えに足を運んでくれるといわれている。ユーモアたっぷりの説法を聞くのも参拝者の楽しみとなっている。

[TEL]075-381-3830
[所在地]京都府京都市西京区松室地家町31

西陣の氏神社、門前にあぶり餅の茶店も

今宮神社《いまみやじんじゃ》

社の歴史は平安建都以前にさかのぼる。平安の中頃、疫病を鎮めるため紫野御霊会が行なわれ、朝廷から一般庶民にいたるまで篤い信仰を集めるようになった。西陣の八百屋の娘・お玉が将軍の生母となったことから玉の輿の御利益があるとも。

[TEL]075-491-0082
[所在地]京都府京都市北区紫野今宮町21

美人になって良縁を得る

泉涌寺《せんにゅうじ》

皇室の陵墓が置かれ、御寺《みてら》と称される格式高い寺院。広い境内には仏殿や開山塔、大門など重要文化財指定の壮麗な建造物が配されている。良縁の御利益は名高く、また、楊貴妃観音像をお参りすれば美人になれるという。

[TEL]075-561-1551
[所在地]京都府京都市東山区泉涌寺山内町27

大切な人とのご縁にまつわる御利益は、やっぱりみんなが気になるもの。恋愛成就はもちろん、恋人同士、友人、仕事での付き合いなど、幅広い良縁を祈願しにお参りしよう。

縁切りは表、縁結びは裏からくぐる

安井金比羅宮

やすいこんぴらぐう

祭神は崇徳天皇、大物主神《おおものぬしのかみ》、源頼政公。藤原鎌足が家門の繁栄を願って堂を建立したのが始まりで、藤の名所としても知られる。縁切り縁結び碑をくぐりぬけ、お札を貼れば悪縁を断ち、良縁を結ぶことができると信仰を集める。

[TEL]075-561-5127
[所在地]京都府京都市東山区下弁天町70

連理の賢木がシンボル、縁結びの社

相生社（下鴨神社内）

あいおいしゃ（しもがもじんじゃない）

豊かな森の只中に位置する下鴨神社の境内にあり、2本の木が途中からひとつに収斂する連理の賢木がシンボルとなった縁結びの神様だ。絵馬に願い事を書き、男性は時計回りに、女性は反時計回りに社殿を3周して絵馬を奉納する。

[TEL]075-781-0010（下鴨神社）
[所在地]京都府京都市左京区下鴨泉川町59

都内にいながらお伊勢参り

東京大神宮

とうきょうだいじんぐう

伊勢神宮の遥拝殿として創建され「東京のお伊勢さま」と親しまれる。御祭神は伊勢神宮と同じく、天照皇大神、豊受大神《とようけのおおかみ》。御利益は家内安全、厄除開運など多岐にわたるが、ことに縁結びの神社として知られ、ここで挙式するカップルも多い。

[TEL]03-3262-3566
[所在地]東京都千代田区富士見2-4-1

悲恋の少女を弔った地蔵が立つ

密厳院・お七地蔵

みつごいん・おしちじぞう

八百屋お七という少女は、想い人恋しさに江戸に火を放ったため、火あぶりの刑に処せられた。同情する人々がその霊を慰めるために建てたのがこのお地蔵様。恋に悩む人がお参りすれば、お七が好きな人との縁を結んでくれるという。

[TEL]03-3761-8957
[所在地]東京都大田区大森北3-5-4

縁結び・恋愛成就の御利益で人気の寺社

大人気、縁結び玉の頒布は毎朝8時

川越氷川神社《かわごえひかわじんじゃ》

素盞嗚尊《すさのおのみこと》と奇稲田姫命《くしいなだひめのみこと》、脚摩乳命《あしなづちのみこと》と手摩乳命《てなづちのみこと》の二組の夫婦が祭神となっていることから、縁結び、夫婦円満の御利益があると信じられている。境内の白い小石が良縁のお守りになるとされ、お祓いをした縁結び玉を毎朝20体頒布している。

[TEL]049-224-0589
[所在地]埼玉県川越市宮下町2-11-3

源頼朝と北条政子ゆかりの神社

伊豆山神社《いずさんじんじゃ》

伊豆という地名のもととなった由緒ある社。平治の乱によってこの地に流された源頼朝が源氏再興を祈願し、挙兵した地とされる。また、源頼朝と北条政子が身を寄せ愛をはぐくんだ場所でもあり、恋愛成就を願う参拝者も多い。

[TEL]0557-80-3164
[所在地]静岡県熱海市伊豆山上野地708-1

運気上昇の良い「氣」が集う

氣多大社《けたたいしゃ》

数々の困難の末に妻を得て、妻の協力のもとに国を治めた大国主神《おおくにぬしのかみ》を祀るため、恋愛成就を願う参拝者が多い。毎月一日には、ついたち結びと呼ばれる祭事が行なわれ、8時30分から16時30分まで無料で縁結びのお祓いが受けられる。

[TEL]0767-22-0602
[所在地]石川県羽咋市寺家町ク1-1

霊木と霊水の御利益で恋愛成就

愛染堂勝鬘院《あいぜんどうしょうまんいん》

聖徳太子によって建立。金堂には人々の縁を結ぶ弓と矢を持つ愛染明王が祀られ、夫婦円満や恋愛成就を願う女性たちの信仰が篤い。境内の愛染めの霊水を飲むと恋愛成就、病気の平癒、開運の御利益があるとされる。

[TEL]06-6779-5800
[所在地]大阪府大阪市天王寺区夕陽ヶ丘町5-36

ここでの神前式に憧れる女子多数

生田神社《いくたじんじゃ》

『日本書紀』にも登場する由緒ある神社。カップルでお参りし、守礼授与所で受けた紅白一対のお守りを片方ずつ身につけておくと結ばれると評判。また、最初の鳥居をくぐって右手に位置する松尾神社の杉の木に祈ると恋が叶うといわれている。

[TEL]078-321-3851
[所在地]兵庫県神戸市中央区下山手通1-2-1

当たると評判の縁占い、鏡の池

八重垣神社《やえがきじんじゃ》

主祭神は八岐大蛇退治で知られる素戔嗚尊《すさのおのみこと》と、稲田姫命《いなたひめのみこと》。日本神話を代表するロマンスを経て結ばれた夫婦を祀るとあって良縁祈願の女性が絶えない。硬貨を載せた紙を浮かべて縁を占う鏡の池や夫婦杉、連理の椿も忘れずに訪れたい。

[TEL]0852-21-1148
[所在地]島根県松江市佐草町227

天孫降臨の地に建ち皇祖神を祀る

高千穂神社《たかちほじんじゃ》

境内に残る建立の際の鎮石はパワースポットとして名高く、また根元がつながった夫婦杉の周りをカップルや友人同士で手をつないで3周すると、互いの仲が円満になり、子孫繁栄、家内安全の御利益があるとされている。

[TEL]0982-72-2413
[所在地]宮崎県西臼杵郡高千穂町三田井1037

御祭神はその名もズバリ「恋命《こいのみこと》」

水田天満宮末社 恋木神社《みずたてんまんぐうまっしゃ こいのきじんじゃ》

菅原道真公を祭神とする水田天満宮の末社。御祭神は恋命、御神紋はハートで、鳥居や参道など境内にハートのモチーフが点在する。また、今上天皇ご成婚記念に植えられた楠も一本に和合するなど恋のパワースポットとしての逸話も多い。

[TEL]0942-53-8625
[所在地]福岡県筑後市水田62-1

金運・商売繁盛の御利益で人気の寺社

朱の鳥居が連なるお稲荷さんの総本宮

伏見稲荷大社《ふしみいなりたいしゃ》

➡P.52・106

どこまでも続く朱の鳥居が印象的な伏見稲荷大社は、全国に約3万あるといわれる稲荷神社の総本宮。古くから五穀豊穣、商売繁昌の守護神として庶民の信仰を集めてきた。無数のお塚や祠が点在する稲荷山の「お山めぐり」にも挑みたい。

[TEL]075-641-7331
[所在地]京都府京都市伏見区深草薮之内町68

日本三大稲荷の一社

笠間稲荷神社《かさまいなりじんじゃ》

五穀豊穣から始まり、農工商すべての殖産興業を守る宇迦之御魂神《うかのみたまのかみ》が御祭神であり、商売の神様として信仰を集めるお稲荷様でもある。また、ビジネスだけでなく、家内安全や厄除け、交通安全の御利益もあるとされている。

[TEL]0296-73-0001
[所在地]茨城県笠間市笠間1

年間の参拝者は300万人

祐徳稲荷神社《ゆうとくいなりじんじゃ》

肥前鹿島藩ゆかりのお社で、季節の花々が咲く広い境内に華やかな彩色が施された壮麗な社殿が点在する。御祭神には倉稲魂大神《うがのみたまのおおかみ》、大宮売大神《おおみやのめのおおかみ》、猿田彦大神《さるたひこのおおかみ》をお祀りし、商売繁盛のほか、技芸上達や交通安全の御利益でも知られている。

[TEL]0954-62-2151
[所在地]佐賀県鹿島市古枝乙1885

参拝の作法は二拝四拍手一拝

宇佐神宮《うさじんぐう》

日本史にたびたび登場する宇佐神宮は全国に数万ある八幡様の総本宮。近年、金運をもたらすお宮として名高いが、縁結びや勝負運など御利益は幅広い。また粟島社の近くの願掛け地蔵は生涯に一度、願いを叶えてくれるという。

[TEL]0978-37-0001
[所在地]大分県宇佐市南宇佐2859

商売繁盛や五穀豊穣で知られる稲荷神社のほか、金運、勝負運などを司る有名な神社をご紹介。仕事の成功や、ここ一番の大勝負での勝利をお願いしに行きたい。

お祭りは江戸っ子たちの生き甲斐

神田神社（神田明神）《かんだじんじゃ（かんだみょうじん）》

神田明神の名で知られる江戸総鎮守。氏子地域は神田から日本橋、大手町や丸の内にまで広がり、新年にはこの地域に籍を置く数々の会社が初詣に訪れる。大国様、恵比寿様、平将門公が祀られており、商売運、勝負運に御利益がある。

[TEL]03-3254-0753
[所在地]東京都千代田区外神田2-16-2

源頼朝が祈りを捧げ源氏を再興

三嶋大社《みしまたいしゃ》

千数百年の歴史を持つ伊豆国の一の宮。古くは伊豆諸島や富士山の噴火活動を司る神として畏れられた。伊豆に流された源頼朝が挙兵に際し、祈願を寄せたことから、武家崇敬の社としても繁栄。事始めにあたってのお参りに最適だ。

[TEL]055-975-0172
[所在地]静岡県三島市大宮町2-1-5

財布のお祓いや縁起物が大人気

金持神社《かもちじんじゃ》

その昔、黄金より価値が高いとされた玉鋼の産地であったため、玉鋼の原料である砂鉄を意味する「金」持神社の名がついたという。今では、その縁起の良い名前から宝クジ当選などを夢見る参拝者が数多く訪れている。

[TEL]0859-72-0481（札所）
[所在地]鳥取県日野郡日野町金持

「商売繁盛、笹持ってこい」

今宮戎神社《いまみやえびすじんじゃ》

祭神は天照大神、事代主命、素戔嗚命、月読命、稚日女命で創建は聖徳太子が四天王寺建立時という由緒正しい神社。古くから商の都として名高い大阪で「えべっさん」と呼ばれ慕われる商売の神様だ。1月の十日戎には100万人が集う。

[TEL]06-6643-0150
[所在地]大阪府大阪市浪速区恵美須西1-6-10

合格祈願・学業成就の御利益で人気の寺社

入試期には受験生であふれる梅の名所

北野天満宮《きたのてんまんぐう》

➡P.31

学問の神様として名高い菅原道真公をお祀りする全国1万2000社の天満宮・天神社の総本社。境内にある牛の像の頭をなでると頭が良くなる、あるいは自身の体調の悪い箇所と同じ部位をなでると病気やけがが治ると信じられている。

[TEL]075-461-0005
[所在地]京都府京都市上京区馬喰町

学問、至誠、厄除けの神様

太宰府天満宮《だざいふてんまんぐう》

➡P.30・107

菅原道真公が埋葬された墓所に建立されたお社で、北野天満宮と並ぶ天満宮の総本社。入学試験だけでなく、医師、弁護士、教員をはじめとする国家試験受験者も数多く訪れ、学業成就のお守りや鉛筆を求める姿も目立つ。

[TEL]092-922-8225
[所在地]福岡県太宰府市宰府4-7-1

東京での天神様参りならこちら

湯島天満宮《ゆしまてんまんぐう》

雄略天皇の勅命により天之手力雄命《あめのたぢからをのみこと》を祀って創建され、のちの南北朝時代に菅原道真公を合祀した。受験シーズンでもある1～2月頃は境内の梅も見頃となり大勢の参拝者で賑わう。手水舎横の牛の像も忘れずなでておきたい。

[TEL]03-3836-0753
[所在地]東京都文京区湯島3-30-1

繁華街に建つ「天満の天神さん」

大阪天満宮《おおさかてんまんぐう》

菅原道真公をお祀りする学問の神様だが、境内には八幡様や八尺様、お稲荷様なども祀られており、商売繁盛や家内安全などさまざまな御利益を求める参拝者が訪れる。境内北部の星合の池に架かる橋は恋愛成就のパワースポット。

[TEL]06-6353-0025
[所在地]大阪府大阪市北区天神橋2-1-8

受験生におなじみの天満宮は、日本各地に有名なお社が点在しており、シーズンにはそれぞれに賑わう。また、お寺の文殊菩薩も知恵を授ける仏様として知られている。

日本で最初に創建された天満宮

防府天満宮《ほうふてんまんぐう》

創建は菅原道真公が亡くなった翌年で、日本最初の天満宮とされる。勝間の浦は太宰府に下る途次、道真公が立ち寄った場所であり、北野、太宰府とともに三大天神に数えられている。受験生にはお守り授与所で合格はちまきが授与される。

[TEL]0835-23-7700
[所在地]山口県防府市松崎町14-1

切戸文殊、亀岡文殊と並ぶ三文殊

安倍文殊院《あべもんじゅいん》

大化改新で左大臣となった安倍倉梯麻呂《あべのくらはしまろ》が建立。御本尊は「三人寄れば文殊の知恵」で知られる智恵の仏様、文殊菩薩で7mにも及ぶ日本最大の像は快慶の手による国宝だ。境内にある白山堂は良縁、くずは稲荷は金運の御利益があるという。

[TEL]0744-43-0002
[所在地]奈良県桜井市阿部645

名勝・天橋立に位置する知恵の仏様

智恩寺《ちおんじ》

御本尊は文殊菩薩。山門をくぐった正面に建つ文殊堂は銅板葺き、宝船造りで、雪舟の『天橋立図』に描かれたままのたたずまいを残す。観光船乗場近くにはかつて航海灯だったという知恵の輪灯籠があり、3回くぐると頭が良くなると伝わる。

[TEL]0772-22-2553
[所在地]京都府宮津市文珠466

法然上人の庵がお寺の始まり

金戒光明寺《こんかいこうみょうじ》

浄土宗の開祖、法然上人が比叡山 延暦寺(➡P.167)をおりて最初に庵を構えたという浄土宗始まりのお寺。御影堂には運慶作の文殊菩薩が祀られ、そのお知恵を授かりたいと願う受験生も多い。また、新選組誕生の地、紅葉の名所としても名高い。

[TEL]075-771-2204
[所在地]京都府京都市左京区黒谷町121

ユニークな御利益で人気の寺社

弁天様の美しさにあやかる

江島神社 中津宮

えのしまじんじゃ なかつのみや

天女の羽衣がトレードマークのお宮で、以前は弁天様をお祀りしていた。美しくなりたいと願う女性たちの信仰が篤く、中津宮のみで扱うキュートな美人守も大人気だ。また、弁天様は芸事の神様でもあり、芸能を極めたい人にもおすすめ。

[TEL]0466-22-4020(江島神社)
[所在地]神奈川県藤沢市江の島2-3-8

クジも抽選もみな当たると評判

皆中稲荷神社

かいちゅういなりじんじゃ

新宿百人町は伊賀の鉄砲隊が駐屯した土地。隊の与力が夢に現れた稲荷之大神のお告げによりこのお社に参拝したところ、百発百中するようになったという。以来、皆中《みなあたる》稲荷と呼ばれ、ここで願えば宝クジや抽選などに当たると評判に。

[TEL]03-3361-4398
[所在地]東京都新宿区百人町1-11-16

航空安全に御利益がある珍しい神社

飛行神社

ひこうじんじゃ

ライト兄弟と同時代の明治期に飛行原理を発見したとされる二宮忠八により創建された神社。御祭神は、天磐船《あめのいわふね》に乗って活躍された日本神話の空の神様、饒速日命《にぎはやひのみこと》で、空の安全を祈り、航空機事故の犠牲者を合祀している。

[TEL]075-982-2329
[所在地]京都府八幡市八幡土井44

全国でも珍しい「歯」の御利益も

松原神社

まつばらじんじゃ

「島津家中興の祖」と讃えられる島津貴久公を祀る。貴久公に仕えた平田純貞は主君に殉ずるため、死までの三日三晩、海上の棺の中で読経と歯ぎしりを響かせた。遺体の歯がきれいに残っていたことを由来とし、歯の神様《はのかんさぁ》として境内に祀られている。

[TEL]099-222-0343
[所在地]鹿児島県鹿児島市松原町3-35

定番以外にも、美人祈願や宝くじ当選祈願など、個性的な御利益で知られる寺社がある。より具体的な御利益が多いので、自分に合ったものを探してみるのも面白い。

ペットの健康と幸せを祈願

市谷亀岡八幡宮《いちがやかめがおかはちまんぐう》

家族であり親友でもあるペットの祈祷ができる全国でも数少ないお宮。動物も一緒にお参りすることができるので、初詣や七五三のシーズンには正装に身を包んだ犬や猫の姿も目立つ。鈴型やバンダナ型のペット用お守りもかわいい。

[TEL]03-3260-1868

[所在地]東京都新宿区市谷八幡町15

電気、電信、IT の神様

法輪寺《ほうりんじ》 電電宮《でんでんぐう》

もともとは明星の神で、転じて天空を司る神様となったが、近年になって電波、電信、電気の守護として信仰を集めるようになった。境内には先駆者、エジソンとヘルツの功績を讃えるレリーフがあり、SDカードのお守りも人気を博す。

[TEL]075-861-0069

[所在地]京都府京都市西京区嵐山虚空蔵山町

胸に関する悩みを解消

間々観音《ままかんのん》

尾張三十三観音の第24番札所。手水所、絵馬、お守りなど、あらゆる場所が女性の乳房をかたどっており、母乳が出にくいなどの授乳に関する悩みから、美乳、胸の病治癒など、胸に関するお願い事全般に御利益があるとされている。

[TEL]0568-73-6173

[所在地]愛知県小牧市間々本町152

宝クジ高額当選者続々の報

宝当神社《ほうとうじんじゃ》

唐津にある高島という小さな島のお社。戦国期に島を賊徒から守った英雄・野崎隠岐守綱吉命《のざきおきのかみつなよしのみこと》を御祭神とする。縁起の良い神社の名から参拝者が増え、そのなかから多数の宝クジ当選者が出たと評判になり、今では年間20万人もの人々が訪れる。

[TEL]0955-74-3715

[所在地]佐賀県唐津市高島523

新しい年の始まりに大勢の人々が祈りを捧げる

初詣の参拝者数が多い10大寺社

三が日に300万人を大きく超える参拝者が訪れる

明治神宮《めいじじんぐう》 ➡P.22

明治天皇と昭憲皇太后をお祀りする神社でパワースポットとしても名高く、毎年、初詣の参拝者は日本最多人数となる。三が日は御社殿前の参拝位置に着くまで数時間並ぶ覚悟も必要だ。

[TEL]03-3379-5511
[所在地]東京都渋谷区代々木神園町1-1

不動明王の御前で心身を清めて厄を払う

成田山新勝寺《なりたさんしんしょうじ》

大晦日から元旦にかけては夜通し、2日以降は朝6時から夕方まで行なわれる護摩祈願に参加して一年の厄払いと心願成就を祈る。初詣開運御守や破魔矢などお正月のみに授与されるお守りも人気。

[TEL]0476-22-2111
[所在地]千葉県成田市成田1

屋台が並ぶ参道も初春のめでたさ

川崎大師《かわさきだいし》（平間寺《へいけんじ》）

真言宗のお寺で、御本尊は弘法大師。厄除けのお大師様とも呼ばれ全国から初詣の参拝者が来訪。元日には除夜の鐘とともに元朝大護摩供が修行され、国家の安穏や信徒の諸願成就が祈願される。

[TEL]044-266-3420
[所在地]神奈川県川崎市川崎区大師町4-48

連なる鳥居をくぐってお稲荷さんに年始のご挨拶

伏見稲荷大社《ふしみいなりたいしゃ》 ➡P.52・100

御利益は五穀豊穣、商売繁盛、家内安全に良縁、厄除けと年の初めにぜひともお参りしたいお社。元日朝6時からは歳旦祭が行なわれ、通常は朝から夕方のみの授与所も三が日は終日開く。

[TEL]075-641-7331
[所在地]京都府京都市伏見区深草薮之内町68

頼朝公にあやかり必勝祈願、厄除け、長寿を祈る

鶴岡八幡宮《つるがおかはちまんぐう》

鎌倉幕府を興した源頼朝公が源氏再興を願い、石清水八幡宮から勧請したのが始まり。勝負を賭けたい年の初めには必勝祈願に訪れたい八幡様だ。元旦～7日は開運厄除けの御判行事を行なう。

[TEL]0467-22-0315
[所在地]神奈川県鎌倉市雪ノ下2-1-31

お正月といえば初詣! 各地の寺社が多くの人出となるが、なかでも日本トップクラスの参拝者数を誇るのがここ。大変な行列となるが、新年の賑わいと活気を肌で感じられる。

おめでたい正月飾りで仲見世もいっそう華やか

浅草寺《せんそうじ》 ➡P.72

普段から大勢の人で賑わう仲見世だが正月の人出は格別。弁天山の除夜の鐘とともに新年の祈祷が始まり、本堂に向かう参拝者の列が延びる。正月7日までは開運厄除札と愛染宝弓が授与される。

[TEL]03-3842-0181
[所在地]東京都台東区浅草2-3-1

大阪の人々が一年の平安を祈る「すみよっさん」

住吉大社《すみよしたいしゃ》

親しみを込めて「すみよっさん」と呼ばれる、大阪を代表するお社のひとつ。元日の0時ちょうどになり、太鼓が打ち鳴らされると、境内は一年の幸を祈願する人々でごったがえす。

[TEL]06-6672-0753
[所在地]大阪府大阪市住吉区住吉 2-9-89

名古屋の街なかに位置する広大な杜

熱田神宮《あつたじんぐう》

三種の神器である草薙神剣をお祀りし、古来より伊勢神宮に次ぐお宮として崇敬を集める、由緒ある神社。とくに正月は全国各地から多くの参拝者が訪れ、新春の境内は大いに賑わいをみせる。

[TEL]052-671-4151
[所在地]愛知県名古屋市熱田区神宮1-1-1

2400年の歴史を有する氷川神社の本社

氷川神社《ひかわじんじゃ》

埼玉・東京を中心に約270社ある氷川神社の本社で、武蔵国の一の宮として古くから崇敬が篤い。約2㎞の参道はケヤキ並木が続く。正月三が日には約210万人の参拝者で賑わう。

[TEL]048-641-0137
[所在地]埼玉県さいたま市大宮区高鼻町1-407

年始には天神様に至誠を誓い、厄を避ける

太宰府天満宮《だざいふてんまんぐう》 ➡P.30・102

学問の神様として知られ、お正月は受験シーズン直前のため、合格祈願に訪れる人も多い。1月7日には嘘を誠心に取り替える鷽替(うそか)え神事と招福を祈る火祭り、鬼すべ神事が行なわれる。

[TEL]092-922-8225
[所在地]福岡県太宰府市宰府4-7-1

水辺の神社

P.110

山頂の神社

P.132

断崖絶壁に建つお寺

P.152

テーマ別
にっぽん
神社とお寺の旅

立石寺(山寺)
➡P.152

美しい五重塔があるお寺

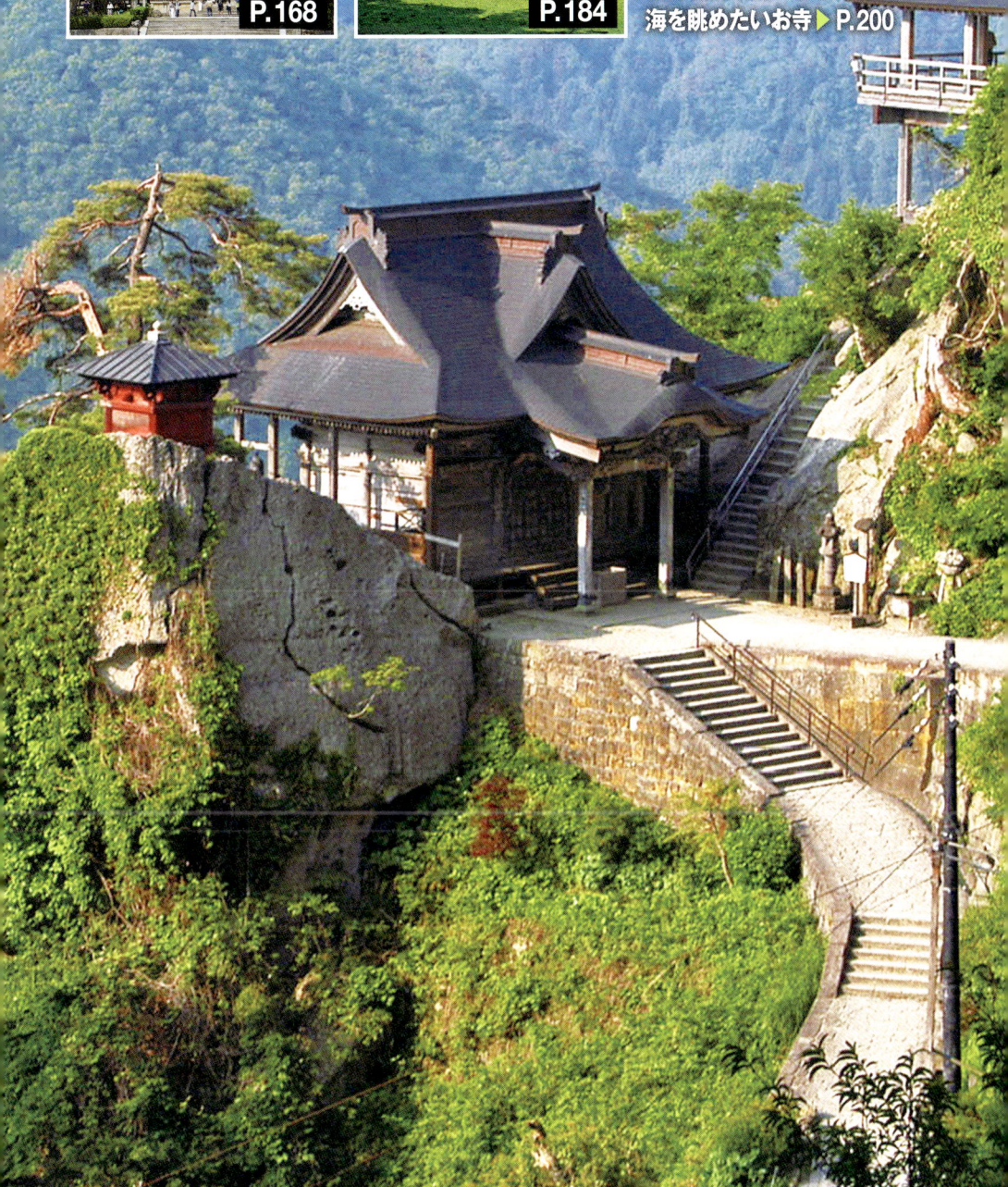

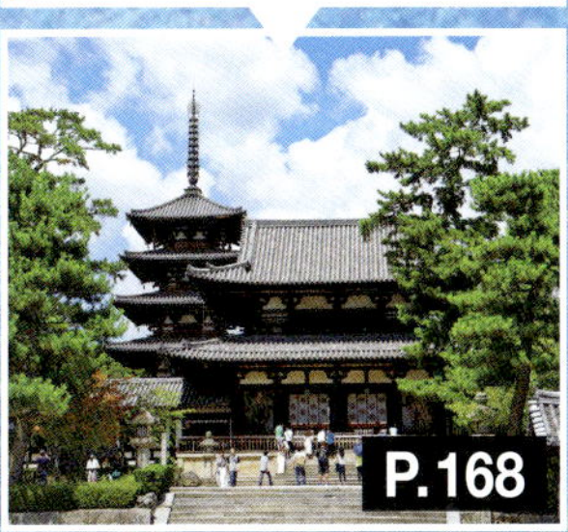

P.168

庭を眺めたいお寺

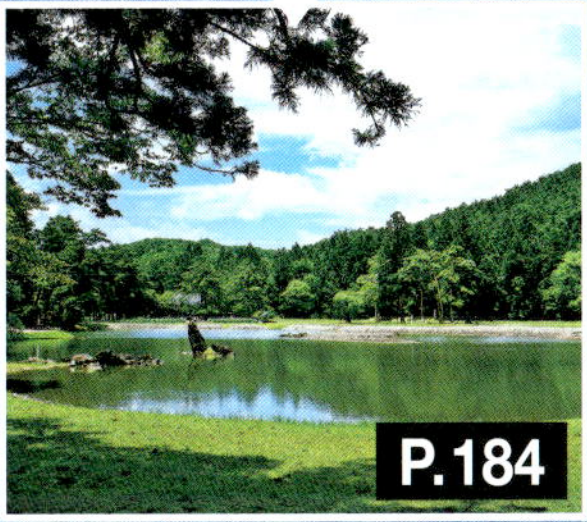

P.184

Topic

神山の麓、富士が控える湖に
赤い平和の鳥居がたたずむ

箱根神社

●はこねじんじゃ

富士山と箱根神社の平和の鳥居が収まる芦ノ湖のベスト・アングル。元箱根港の近辺から眺められる

1 平和の鳥居は、今上陛下の立太子礼と講和条約締結を記念して建立。「平和」の扁額が掲げられている 2 社殿は拝殿、幣殿、御本殿が一体となった権現造。朱塗りが鮮やか 3 本殿隣にある芦ノ湖の守護・九頭龍大神を祀る九頭龍神社新宮。社殿前には霊水の龍神水が湧く 4 参道石段の両側には巨大な老杉が林立

武家時代には勝負神とあがめられ近世には東海道の旅人を見守った

古くから関東屈指の山岳信仰地であった箱根山。奈良時代初期の757(天平宝字元)年、万巻上人が箱根大神の御神託により現在地にお祀りしたのが創建の起源という。江戸時代に東海道が整備されると、旅人たちの道中安全の祈願所として、庶民の篤い信仰を受けた。芦ノ湖畔から表参道を歩き、老杉が囲む石段を上った先に朱塗りの社殿が建つ。本殿裏手のヒメシャラ純林、参道のツツジやアジサイが四季の彩りを添える。石段を湖へ下れば、平和の鳥居が湖を見守るように建つ。芦ノ湖の絶景には、逆さ富士と赤い鳥居が欠かせない。

キーワード

▶**万巻上人《まんがん》** 修験道にも通じた奈良時代の僧。神山や駒ヶ岳で修行し、箱根大神の御信託を得て箱根神社を創建した。

▶**箱根大神** 箱根神社の御祭神である瓊瓊杵尊、木花咲耶姫命、彦火火出見尊の御三神の総称。

御祭神 瓊瓊杵尊《ににぎのみこと》、木花咲耶姫命《このはなさくやひめのみこと》、彦火火出見尊《ひこほほでみのみこと》

御利益 開運厄除、心願成就、交通安全など

参拝ポイント Check!!

歴史上の偉人にゆかりのある大杉

源頼朝が妻・北条政子の安産を願った「子授け・安産祈願」の安産杉、坂上田村麻呂が東北遠征途中に表矢を献じ祈願して武勲を治めたという「所願成就」の矢立杉がある。

参拝アドバイス

昔から誓いの神様の筆頭に挙げられる箱根大神。当社では願いを記した願い串に、その願いが成就するために自身が行なう事を誓い記した起請文を巻き、誓願所に納めていただく「願い串と起請文」と、成就水盤に注ぐ龍神水で流し納めていただく九頭龍大神への「誓願符」を授与しています。

箱根神社
権祢宜　土屋 慶之さん

[TEL]0460-83-7123 [所在地]神奈川県足柄下郡箱根町元箱根80-1 [アクセス]箱根登山鉄道・箱根湯本駅から箱根登山バス／伊豆箱根バス・元箱根方面行で35分、元箱根下車、徒歩10分 [時間]境内自由、宝物殿9:00～16:00 [休]無休 [料金]無料、宝物殿500円 [URL]hakonejinja.or.jp

注目の行事 7月31日 **湖水祭** 箱根神社例大祭の宵宮に斎行される。湖水神事のあと、色鮮やかな灯籠と花火が湖上を飾る。

湖尻
九頭龍神社本宮
白龍神社
駒ヶ岳
駒ヶ岳山頂
箱根元宮
箱根駒ヶ岳ロープウェー
箱根園から九頭龍の森まで、湖岸沿いに遊歩道が続く。富士山の眺めも魅力。九頭龍神社本宮まで徒歩約30分
ザ・プリンス 箱根
箱根園
箱根園
箱根園水族館
芦ノ湖
箱根園と駒ヶ岳山頂を結ぶ。富士山はもちろん、駿河湾や房総半島まで、大パノラマを一望のもとに
小動物とのふれあい場、水族館、ショッピングプラザ、レストランなど多彩なレジャー施設が揃う
龍宮殿
75
箱根園ゴルフ場
強羅／宮ノ下
箱根神社
小田急 山のホテル
平和の鳥居
箱根芦ノ湖遊覧船（元箱根港）
元箱根
箱根海賊船と芦ノ湖遊覧船の乗場が別々にある。歩いて5分ほど離れた場所にあるので要注意
箱根海賊船（元箱根港）
成川美術館
東海道
皇族が避暑に訪れた箱根離宮跡地の公園。季節の花が楽しめ、桜、富士山、芦ノ湖の撮影スポット
恩賜箱根公園
旧街道杉並木
N
0
300m
1
箱根関所資料館
箱根関所
国道1号に並行して約500m続く旧東海道。樹齢400年近い巨木の杉に囲まれ、気分は江戸時代
箱根芦ノ湖遊覧船（箱根関所跡港）
箱根やすらぎの森
箱根ホテル
箱根関所跡
箱根海賊船（箱根町港）
森のふれあい館
箱根海賊船と芦ノ湖遊覧船の乗場が少し離れてある。周辺は箱根駅伝の往路ゴール地で、駅伝の記念碑やミュージアムがある
畑宿／湯本
箱根新道
三島

静かな森の湖畔に建つ

九頭龍神社本宮《くずりゅうじんじゃほんぐう》

芦ノ湖に棲む毒龍が、箱根大神の霊力を授かった万巻上人によって調伏され、九頭龍大神として祀られた。箱根神社の末社で開運や金運、縁結びの神様。

☎0460-83-7123（箱根神社） 住神奈川県足柄下郡箱根町元箱根 箱根九頭龍の森内 交元箱根から伊豆箱根バス・箱根園行で12分、終点下車、徒歩30分

Column!

駒ヶ岳山頂にある箱根元宮

駒ヶ岳は、霊峰・神山を北に仰ぐ古代山岳信仰の聖地。山頂には箱根神社の奥宮が建っている。現在の社殿は1964(昭和39)年に再建された。社殿前に注連縄が張られた馬降石は、神様が馬に乗って降臨した石で、上部には馬の蹄跡とされる穴がある。

関所の様子を完全復元

箱根関所《はこねせきしょ》

江戸時代の4大関所のひとつ、箱根関所を復元。役人の詰所の番所、芦ノ湖を監視した遠見番所など複数の建物が並ぶ。関所だんごが味わえる茶屋や資料館もある。

☎0460-83-6635 住神奈川県足柄下郡箱根町箱根1 交箱根登山鉄道・箱根湯本駅から箱根登山バス／伊豆箱根バス・箱根町方面行で40分、箱根関所跡下車すぐ

モデルプラン

午前

箱根神社とその周辺神社を巡る

箱根神社の本殿を参拝し、湖畔に立つ平和の鳥居を間近に眺めたら、遊歩道で湖畔風景を楽しみつつ、九頭龍神社本宮で開運・良縁祈願。

午後

山上や湖上から芦ノ湖の眺めを満喫

ランチのあとは、箱根園から箱根駒ヶ岳ロープウェーで駒ヶ岳山頂の箱根元宮を参拝。遊覧船で湖を渡り、箱根関所などの歴史スポットを散策。

お泊まり情報 関東屈指の温泉郷だけに宿泊施設は豊富。箱根神社周辺には、湖の眺望が自慢の芦ノ湖温泉の宿などが点在する。

断崖上の先祖伝来の聖地から
南方の海を守る沖縄の総鎮守

波上宮

なみのうえぐう

砂浜に突き出た琉球石灰岩の上に建つ。まるで灯台のように、東シナ海を航行する船を見守る

1 赤瓦の屋根が沖縄の海によく似合う。一番奥の最も高い社殿が本殿
2 1945(昭和20)年の第二次大戦の沖縄戦によりほとんどの建物を焼失。再建事業の完了は1994(平成6)年
3 一の鳥居から石段を上って崖上へ進むと、正面に拝殿が見えてくる
4 一対の魔除けのシーサーが拝殿前で神社を守る。口は阿吽の形だ

琉球王国の地に熊野信仰が伝搬 南国らしさを感じる建築にも注目

那覇市若狭の海岸に突き出た断崖があり、地元で「なんみんさん」と呼ばれる神社が建つ。創建年は不明だが、古代の聖地に本土から伝わった熊野権現が勧請されたと伝わる。のちに沖縄独自の信仰の影響を受ける。琉球王国時代に重視された琉球八社のなかで最上に位置し、沖縄の総鎮守として崇敬を集めた。海に向かって延びる参道の奥には、回廊で結ばれた拝殿と幣殿、本殿がたたずむ。拝殿を覆う赤瓦に白漆喰の屋根、狛犬ならぬシーサーが社殿を見守る風景は沖縄ならではだ。断崖上の境内から東シナ海を一望できる。

キーワード

▶**熊野権現** 熊野本宮大社、熊野速玉大社、熊野那智大社の熊野三社の御祭神。神仏習合思想により権現と呼ばれる。

▶**琉球王国** 1429～1879年まで沖縄地方を統治。交易により中国や南方の影響を受け、独自の琉球文化をはぐくんだ。

御祭神 伊弉冉尊《いざなみのみこと》、速玉男尊《はやたまのおのみこと》、事解男尊《ことさかのおのみこと》

御利益 国家鎮護、航海安全など

参拝ポイント Check!!

境内の奥にある聖域「波上毛《なんみんもー》（拝所《うがんしゅ》）」

本殿奥の崖の最も突き出た場所に、沖縄独自の御嶽信仰の拝所とされる聖域がある。観光客は近づけないが、海側から様子を確認してみよう。

参拝アドバイス

早朝の参拝がおすすめです。天気の良い日は青一色の空に赤瓦の屋根が映え、守り神のシーサーがたたずむ本殿では、まさに沖縄の雰囲気を味わえます。波上宮オリジナルの紅型の御朱印帳もお頒ちしております。境内の撮影にとどまらず、自然の神々に対する感謝の心をもって穏やかにご参拝いただけるとうれしく思います。

波上宮
祭儀課 権禰宜
井澤 真人さん

[TEL]098-868-3697
[所在地]沖縄県那覇市若狭1-25-11
[アクセス]ゆいレール・旭橋駅から徒歩18分
[時間]境内自由
[休]無休 [料金]無料

注目の行事 5月17日 **例大祭（なんみん祭）** 例大祭の神事のあと、御輿行列や沖縄伝統芸能などが盛大に行なわれる。

モデルプラン

午前

沖縄の守り神と世界遺産の首里城を見物

レンタカーを借り、断崖上に建つ沖縄の総鎮守・波上宮を参拝。東シナ海の眺めを楽しもう。首里城公園で、琉球王国の独創的な城郭を見物。沖縄料理のランチでひと休み。

午後

琉球の聖なる森を歩き、海辺をドライブ

知念半島にある祈りの聖地、斎場御嶽へ。静寂の森の中を歩いて6つの拝所を巡る。湾岸や奥武島などをドライブして那覇市へ戻る。国際通りで沖縄みやげを手に入れよう。

夜遅くまで賑やかな観光メインストリート

国際通り《こくさいどおり》

みやげ物屋や沖縄料理の店、カフェなどが約1.6kmにわたって建ち並ぶ、沖縄きっての繁華街。夜遅くまで営業している店が多く、路地にも多くの店が並ぶ。

交 ゆいレール・県庁前駅/牧志駅からすぐ

琉球国王の居城を復元

首里城公園《しゅりじょうこうえん》

沖縄戦で焼失した首里城を丘の上に復元。国王が政務や儀式を行なった正殿を中心に、琉球王国時代の姿を今に伝えている。2000(平成12)年には世界遺産に登録。公園内は今も整備が続けられている。

☎ 098-886-2020(首里城公園管理センター)
住 沖縄県那覇市首里金城町1-2
交 ゆいレール・首里駅から徒歩15分

波上宮
波の上ビーチ
波上宮の東にある、那覇市内で唯一の遊泳ビーチ。シャワー施設を完備している
美栄橋駅
牧志駅
おもろまち
古島駅
市立病院前駅
儀保駅
おもろまち駅
首里駅
安里駅
県庁前駅
旭橋駅
第一牧志公設市場
首里城公園
国際通り
那覇空港駅
壺川駅
ゆいレール
奥武山公園駅
小禄駅
赤嶺駅
那覇空港
ゆいレールの駅があり、大型ショッピングセンターや映画館、オフィスビル、飲食店が並ぶ那覇新都心
西原IC
沖縄自動車道
名護
329
中城湾
那覇IC
識名園
琉球王家が保養や迎賓館に利用した別邸を復元。回遊式庭園がある。世界遺産
南風原北JCT
近海の魚介や県産の果物、加工品などが並ぶ那覇市民の台所。食材を2階で調理してくれる
那覇空港自動車道
0
2km
N
久高島
南城市知念を走る国道331号の山側に架かる2つの橋。太平洋を一望できる格好のドライブコース
斎場御嶽
斎場御嶽入口
ニライ橋・カナイ橋
瀬長島
那覇空港の南に浮かぶ小島。本島と橋で結ばれ、飛行機の離発着と、夕日を眺められる。2015(平成27)年8月には大型商業施設のウミカジテラスがオープン
507
豊崎海浜公園
芝生広場とビーチ、映画『涙そうそう』のロケ地のニイニイの丘があり、バーベキューもできる
古民家が集まり、琉球ガラス作りなどの体験ができる王国村、鍾乳洞、熱帯フルーツ園など施設が豊富
おきなわワールド
本島と橋で結ばれた周囲約1.7kmののどかな漁村。鮮魚を使った沖縄風天ぷらが名物
331
奥武島

Column!

沖縄独特の信仰・ニライカナイと御嶽

沖縄では昔から、海のはるか彼方に神々の住む理想郷(ニライカナイ)があると信じられてきた。人間の魂が生まれ、死後に帰る場所でもあるという。ニライカナイの神々や祖神が降臨する聖地が、沖縄の各村落にある御嶽だ。御嶽内には、偶像や社殿のない自然の拝所があり、地域を守護する祖神や神々に人々が祈りを捧げ、地域の祭祀が行なわれる。

ガイド付ツアーもある

斎場御嶽《せーふぁうたき》

琉球王国最高の聖地。御嶽内にはイビと呼ばれる6カ所の神域があり、それらを巡ることができる。今でも沖縄の人々に大切にされる場所なので、マナーを守り静かに見学しよう。

☎ 098-949-1899(緑の館・セーファ)
住 沖縄県南城市知念久手堅539
交 那覇市内から東陽バス・志喜屋線で1時間、斎場御嶽入口下車、徒歩10分

お泊まり情報 那覇市街地にはファミリー向けの大規模ホテルやカップル向けのシティホテルが多い。

不思議な風景の島にある
神様たちの恋物語の舞台地

青島神社

●あおしまじんじゃ

島全体を宮域とし、浜辺に社殿を構える。亜熱帯林に囲まれた島の中央部には神社の元宮がある

1

2

3

4

1 砂浜から神門をくぐると本殿がある。境内に見られる亜熱帯植物が、いかにも南国宮崎らしい雰囲気
2 本土から始まる参道は徒歩で。弥生橋を渡り、海辺の鳥居をくぐる
3 社殿は何度も改築されており、現在の建物は1974(昭和49)年の再建
4 社殿近くに建つ日向神話館では、蝋人形で海幸山幸伝説を紹介する

かつては一般立ち入り不可の聖なる島 今は恋愛成就で人気のパワースポット

日南海岸に浮かぶ周囲約1.5㎞の青島は、鬼の洗濯板と呼ばれる奇岩に囲まれ、亜熱帯の自然林が鬱蒼と茂る景勝地。海辺に映える朱塗の神社は、民話『浦島太郎』の原型ともいわれる神話「海幸山幸伝説」の舞台地と伝えられる。山幸彦(彦火火出見命)は、海中の神殿(竜宮城)で豊玉姫命と出会い結婚。3年後に陸へ戻った山幸彦が住んだ宮居跡に、青島神社が建立されたという。創建年は定かでないが、平安時代には祭神が祀られていた記録が残る。神様の恋物語にあやかり、良縁を求めて参詣に訪れる若い女性がとくに多い。

キーワード

▶**彦火火出見命** 神武天皇の祖父。兄の海幸彦に借りた釣り針を失くし、海中へ探しに行って豊玉姫命と出会う。

▶**塩筒大神** 御祭神の一神で、潮流を司る航海の神といわれる。山幸彦を海の神殿へ導いた、いわばキューピッド役。

御祭神 彦火火出見命《ひこほほでみのみこと》、豊玉姫命《とよたまひめのみこと》、塩筒大神《しおづつのおおかみ》

御利益 縁結び、安産祈願、航海安全、交通安全など

参拝ポイント Check!!

さまざまな願掛けの神事が体験できる

願い符を水に浮かべて神水をかける海積の祓い、夫婦ビロウという木にこよりを結ぶ産霊紙縒などの願掛けや運試しが数多く用意されている。

参拝アドバイス

本殿のさらに奥の御成道を進むと元宮があり、このそばに夫婦ビロウがあります。投瓮所(とうかしょ)で平瓮(ひらか)というお皿を投げて吉凶を占うこともできますよ。

青島神社 宮司
長友安隆さん

[TEL]0985-65-1262 [所在地]宮崎県宮崎市青島2-13- 1
[アクセス]JR青島駅から徒歩15分
[時間]5:30(11～2月6:00)～日没、日向神話館8:00～17:30(夏季は～18:00) [休]無休
[料金]境内無料、日向神話館600円
[URL]www.aoshimajinja.sakura.ne.jp

注目の行事 1月中旬(成人の日) **裸まいり** 各地から集まった白足袋白装束の男女が神社前の海に入り禊を行なう。

モデルプラン

午前
2つの神話の地をお参りして湾岸ドライブ
宮崎市街にある神武天皇ゆかりの宮崎神宮を参拝し、日南フェニックスロードをドライブ。青島神社で願掛けや運試しに挑戦。堀切峠へ。

午後
南国ならではの海風景を楽しむ
日向灘の風景を満喫したら道の駅フェニックスで昼食。サンメッセ日南のモアイ像を見物し、神話の舞台となった洞窟神社の鵜戸神宮に参拝。

毎月1日に販売する参拝餅が名物
宮崎神宮《みやざきじんぐう》
緑豊かな森に囲まれた格式高いお社。神武天皇を祀っており、神明流造の社殿が荘厳な雰囲気。多くのスポーツ選手が必勝祈願に訪れる。
☎0985-27-4004 住宮崎県宮崎市神宮2-4-1
交JR宮崎神宮駅から徒歩10分

「鬼の洗濯岩」がワイドに広がる
堀切峠《ほりきりとうげ》
内陸にはフェニックスの並木、沿岸には波状岩が連なり、太平洋を一望できる日向灘の絶景スポット。海岸に沿って遊歩道を散策できる。
☎0985-20-8658(宮崎市観光協会)
住宮崎県宮崎市内海 交青島から宮交バス・日南方面行で7分、堀切峠下車すぐ

併せて訪れたい伝説の地
鵜戸神宮《うどじんぐう》
本殿は鵜戸崎の断崖中腹の洞窟内にある。豊玉姫命が山幸彦(彦火火出見命)の子を産んだ場所とされる。霊石の亀石に運玉を投げ入れ、窪みに入れば願うが叶うという。
☎0987-29-1001 住宮崎県日南市宮浦3232 交青島から宮交バス・日南方面行で40分、鵜戸神宮下車、徒歩10分

Column!
数々の神話が息づく地・宮崎
『古事記』や『日本書紀』では、多くの物語が今の宮崎県を舞台に語られる。高千穂は神様が地上を治めるため降り立った天孫降臨の地とされ、天照大御神が隠れたという天岩戸を祀る天岩戸神社もある。神武天皇が最初に政治を執り、日本統一のため東征に向かった出発地が、今の宮崎県であるという。宮崎各地に点在する神話の地を巡る旅が人気を呼んでいる。

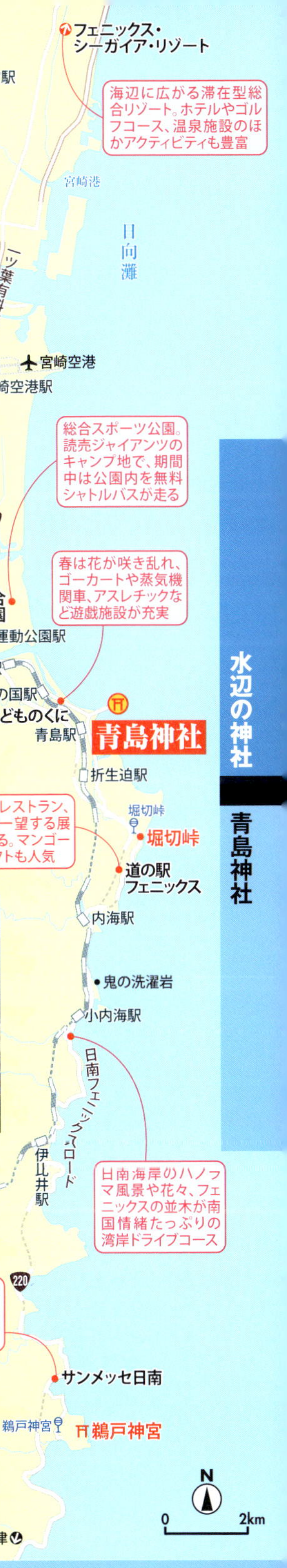
西都
フェニックス・シーガイア・リゾート
海辺に広がる滞在型総合リゾート。ホテルやゴルフコース、温泉施設のほかアクティビティも豊富
宮崎神宮
宮崎神宮駅
日豊本線
10
宮崎駅
宮崎港
日向灘
220
大淀川
一ツ葉有料道路
南宮崎駅
赤江IC
269
加納駅
東九州自動車道
田吉駅
宮崎空港
日豊本線
田吉IC
宮崎空港駅
清武IC
宮崎IC
宮崎自動車道
清武駅
南方駅
総合スポーツ公園。読売ジャイアンツのキャンプ地で、期間中は公園内を無料シャトルバスが走る
清武川
清武JCT
220
清武南IC
木花駅
宮崎県総合運動公園
春は花が咲き乱れ、ゴーカートや蒸気機関車、アスレチックなど遊戯施設が充実
運動公園駅
曽山寺駅
子供の国駅
こどものくに
青島駅
青島神社
折生迫駅
物産館やレストラン、太平洋を一望する展望所がある。マンゴーなどのソフトも人気
堀切峠
堀切峠
道の駅フェニックス
内海駅
鬼の洗濯岩
小内海駅
日南フェニックスロード
伊比井駅
日南海岸のハノフマ風景や花々、フェニックスの並木が南国情緒たっぷりの湾岸ドライブコース
日南線
220
北郷駅
完全復刻したモアイ像が並び、昆虫館や蝶の楽園、ふれあい牧場、温泉施設などの施設が点在する
サンメッセ日南
鵜戸神宮
鵜戸神宮
飫肥城や武家屋敷通り、蔵などが旧城下町の面影を残す。魚のすり身を使った飫肥の天ぷらが名物
内之田駅
N
0
2km
飫肥駅
油津駅
油津

国造りの神を再び迎え
常世を結ぶ「神磯の鳥居」

大洗磯前神社

●おおあらいいそさきじんじゃ

鹿島灘の大海原を見下ろす神社
黄門さまが再建した社殿も必見

夏には多くの海水客で賑わう茨城県・大洗海水浴場の南岸。小高い丘の上に海を見下ろす社殿が建つ。歴史書によると、平安初期に国造りの神である大己貴命と少彦名命が人々を救うため降臨。その地に神社が創建されたという。戦国期の兵乱で焼失するが、水戸藩主の徳川光圀《みつくに》が1690(元禄3)年に起工、続く綱條《つなえだ》の代で再建した。現在も江戸時代の本殿や拝殿、随身門が残る。神が降り立ったという、社殿前の磯の岩上には「神磯の鳥居」が立つ。鳥居が白波に洗われ、水平線から昇る朝日に染まる風景は、神々しいまでに美しい。

御祭神 大己貴命《おおなむちのみこと》、少彦名命《すくなひこなのみこと》

御利益 福徳円満、家内安全、商売繁盛など

キーワード

▶**大己貴命と少彦名命** 大己貴命は大国主命の別名で、大黒天とも呼ばれる。少彦名命とともに国造りを行なった。

▶**神磯の鳥居** 御祭神が降臨した磯に建立された鳥居。毎年元旦には、神職たちが磯に下り初日の出を奉拝する。

参拝ポイント Check!!

時間帯や天候によって見え方はさまざま

幻想的な日の出や月夜、穏やかな昼間では、神磯の鳥居の風景は大きく変わる。多くの磯が隠れ、波しぶきの立つ満潮時は迫力満点だ。

[TEL] 029-267-2637 [所在地] 茨城県東茨城郡大洗町磯浜町6890 [アクセス] 鹿島臨海鉄道・大洗駅から茨城交通バス・大洗海遊号で10分、大洗磯前神社下下車すぐ
[時間] 5:30〜18:00 10〜3月6:00〜17:00
[休] 無休 [料金] 無料
[URL] oarai-isosakijinja.or.jp

注目の行事 11月11日 **有賀祭** 水戸市の有賀神社から神霊を迎える。かんの虫を抑える虫きりに御利益ありと幼児連れの家族が訪れる。

1

2

3

1 海岸の先に浮かぶようにして立つ神磯の鳥居。水平線から朝日が顔を出すと、シルエットだった鳥居は景色とともにオレンジ色に染まる
2 海岸沿いの石段を上ると随身門がある。柱の上にある龍の彫刻が見事
3 江戸初期の建築様式を伝える拝殿。色彩豊かな彫刻が見られる

立ち寄りスポット
アクアワールド茨城県《いばらきけん》大洗《おおあらい》水族館《すいぞくかん》

茨城県下最大の水族館。日本一のサメ飼育種類数を誇り、イルカのショー、水族館探検ツアーなどプログラムも多彩。

☎029-267-5151　住茨城県東茨城郡大洗町磯浜町8252-3　交鹿島臨海鉄道・大洗駅から茨城交通バス・大洗海遊号で15分、アクアワールド・大洗下車すぐ

モデルプラン

午前

神社で招福祈願をしたら海鮮料理を満喫

大洗磯前神社を参拝し、磯に立つ鳥居の風景を眺めたら、アクアワールド茨城県大洗水族館を見学。港近くの大洗海鮮市場で海鮮料理を味わう。

午後

ショッピングや温泉施設でゆっくりと

大洗マリンタワーに上り、太平洋や日光連山の広がるパノラマ風景を一望。大洗リゾートアウトレットやゆっくら健康館でのんびり過ごす。

お泊まり情報　茨城港周辺の大洗温泉、大洗磯前神社近くの海辺に宿が並ぶ。予算の幅は広く、磯料理を満喫できる料理旅館も。

波打ち寄せる日本海の断崖に
龍のごとく連なる朱の鳥居

元乃隅稲成神社

●もとのすみいなりじんじゃ

お稲荷さんを祀る神社は御利益豊富
周辺の景勝地も併せて楽しみたい

山口県長門市の海岸に、断崖下から海水が勢いよく吹き出す「龍宮の潮吹」と呼ばれる名勝がある。その断崖から岩場を這うように、123基の鳥居が丘へと連なっている。長さ100m以上の鳥居のトンネルを抜ければ、元乃隅稲成神社の小さな社にたどり着く。創建は1955（昭和30）年で、島根県津和野町の太鼓谷稲成神社から分霊した祭神を祀る。太鼓谷稲成の祭神は、千本鳥居で有名な京都・伏見稲荷大社（➡P.52）の勧請という。山口で見られる百本鳥居は、海の青と植物の緑のコントラストが美しく、明るい景観で人気がある。

御祭神 宇迦之御魂神《うがのみたまのかみ》

御利益 商売繁盛、大漁、海上安全、良縁など

キーワード

▶**龍宮の潮吹** 波に削られてできた岩穴に海水が流れ込み、波の高い日などには30mもの波しぶきが舞い上がる。

▶**太鼓谷稲成神社** 日本五大稲荷のひとつで、1000本の鳥居がある。稲荷でなく「稲成」の字を使うのはこの2社のみ。

参拝ポイント \Check!!/

お賽銭箱が大鳥居の上に!

車道に近い裏参道入口の高さ5mの鳥居には、上部に小さな賽銭箱が備え付けてある。うまく投げ入れられたら願いが叶うという。

[TEL]0837-22-8404（長門市観光コンベンション協会）
[所在地]山口県長門市油谷津黄498
[アクセス]JR長門古市駅からタクシーで20分
[時間][休][料金]境内自由

1

2

3

1 断崖の端近くから、起伏に富む海岸地帯を這い上がる123基の赤い鳥居。伏見稲荷大社の千本鳥居とはまた違う風情が海外でも話題を呼んでいる
2 海側から丘へとダイナミックに駆け上がる鳥居のトンネル
3 国の天然記念物の龍宮の潮吹。大波のときにのみ見られる光景だ

立ち寄りスポット

東後畑棚田《ひがしうしろばたたなだ》

長門市油谷の海沿いに広がる棚田。田に水が張られた5月中旬～6月上旬の日没後には、漁火に薄青く輝いて幻想的だ。

☎0837-22-8404(長門市観光コンベンション協会)　住山口県長門市油谷東後畑　交JR長門古市駅からタクシーで20分

モデルプラン

午前
神社周辺の日本海の景勝地を巡る
元乃隅稲成神社でお参りし、123基の鳥居をくぐって龍宮の潮吹のある断崖へ。東後畑棚田や千畳敷に立ち寄り、日本海の雄大な眺めを満喫。

午後
観光船で海上からも日本海の魅力に浸る
仙崎駅へ向かい、昼食に名物の仙崎イカを味わったら、観光遊覧船で「海上のアルプス」と呼ばれる青海島の景色を楽しむ。時間があれば萩見物へ。

お泊まり情報　海辺に一軒宿の油谷湾温泉、内陸部には古い湯治場の長門湯本温泉や俵山温泉、湯免温泉がある。

近江自慢の琵琶湖風景に
伝説の湖中鳥居がたたずむ

白鬚神社

●しらひげじんじゃ

全国に祀られる白鬚神社の総本宮
西近江七福神の寿老神社も祀られる

古くから多くの歌人や俳人に詠われる景勝・琵琶湖。その西部中央、比良山系が迫る岸辺に建つ。近江の神社で最古の約2000余年の歴史を誇る。現在の本殿は、1603(慶長8)年に豊臣秀頼が再建した。社殿正面の湖上にはシンボルの大鳥居。「朱塗りの鳥居が波のまにまに見え隠れした」との伝承に基づき、1937(昭和12)年に建立。その後、湖の水位低下で15m沖へ移されている。沖島を借景にした姿は美しく、日の出や夕暮れどきにいっそう風情を増す。厳島神社(➡P.34)を思わせる眺めから、「近江の厳島」とも呼ばれる。

御祭神 猿田彦命《さるたひこのみこと》

御利益 延命長寿、福徳開運、縁結び、など

キーワード

▶**豊臣秀頼** 豊臣秀吉の跡取り。秀吉の没後、6歳で家督を継いだ。秀吉の遺命により、母・淀君とともに白鬚神社の再建をしたとされている。

▶**朱の大鳥居** 「天変地異の前兆として鳥居が湖上に突然姿を現した」との伝説も残る。船での参拝の目印に建てられたとも考えられている。

参拝ポイント Check!!

週末の夜には湖上の鳥居がライトアップ

週末、大晦日と正月三が日には、日没後の2時間ほど、大鳥居がライトアップされる。夜の湖上に浮かぶ姿はとても神秘的。

[TEL]0740-36-1555　[所在地]滋賀県高島市鵜川215
[アクセス]JR近江高島駅からタクシーで5分
[時間][休][料金]境内自由
[URL]shirahigejinja.com

注目の行事 9月5·6日 **白鬚まつり(なるこ参り)** 秋の例祭。なるこ参りは数えで2歳の子が名を授けられ、3日間その名で呼ぶと一生幸せになるという。

1 国定公園に選ばれる琵琶湖西岸の風光明媚な景色に溶け込む大鳥居。湖岸を走る国道から約58mの沖合にあり、湖面からの高さは12m
2 琵琶湖に迫る山々と湖岸の青松、湖が美しい風景を見せる神社周辺
3 拝殿の奥の本殿は、桃山建築様式の特徴を伝える国の重要文化財

立ち寄りスポット
鵜川四十八体石仏群《うかわしじゅうはったいせきぶつぐん》

室町時代の建立とされる高さ1.6mの阿弥陀如来の石像群。現在、鵜川に33体あり、表情や姿がそれぞれ異なる。

☎0740-33-7101　住 滋賀県高島市鵜川
交 JR近江高島駅からタクシーで4分

モデルプラン

午前
湖西の歴史や文化に触れる
白鬚神社の拝殿でお参りし、湖中鳥居の風景を楽しむ。近くの鵜川四十八体石仏群で、多彩な表情の阿弥陀如来像を見物。近江高島駅方面へ。

午後
旧城下町を歩き、琵琶湖クルーズへ
食後は、古い街並の残る大溝の城下町を散策。高島びれっじでろうそく作りなどを体験し、近江今津から竹生島クルーズを楽しむ。

お泊まり情報　高島市内に宝船温泉の宿などがあるが、神社周辺は少ない。湖南の大津市のおごと温泉は宿が充実している。

Topic

自然を敬い、神聖視してきた日本古来の信仰を今に残す

本殿のない神社

今も聖地とあがめられる霊山が御神体

大神神社《おおみわじんじゃ》

奈良盆地の東に臨む、円錐形の美しい三輪山が御神体。『古事記』によれば、国造りに苦心した大国主命が、成就のために大物主大神を三輪山に祀ったという。御神体の鎮まる山を参拝の対象とし、本殿はない。参拝者は麓にある拝殿から祈りを捧げる。拝殿奥にある三ツ鳥居の先は、一木一草にいたるまで神が宿るという山の神域。三輪山の登拝には摂社・狭井神社での事前申し込みが必要。

御祭神 大物主大神《おおものぬしのおおかみ》、大己貴神《おおなむちのかみ》、少彦名神《すくなひこなのかみ》

御利益 産業開発、方除、製薬、造酒など

[TEL]0744-42-6633
[所在地]奈良県桜井市三輪1422
[アクセス]JR三輪駅から徒歩10分
[時間][休][料金]境内自由
[URL]oomiwa.or.jp

4代将軍徳川家綱が1664(寛文4)年に再建した荘厳な造りの拝殿

三輪山への登拝口。登拝のルールは事前にホームページで確認を

奈良盆地を見下ろす優美な姿の三輪山。山に鎮まるという大物主大神は、国造りの神、生活全般の守護神として広くあがめられる

山や岩、滝など、特徴的な自然地形や事象に神が宿る(＝御神体)とされ、古代の神社に近い祭祀形態を持つ。太古には社殿もなかったといわれるが、現在では拝殿が建てられ、それを通じて御神体を拝するお社も多い。

熊野灘を見晴らす崖地の巨岩を御祭神の依代として祀る。熊野古道の沿道にある霊場として、世界遺産に登録されている

熊野古道にある国生みの女神の墓所

花の窟神社《はなのいわやじんじゃ》

国造りのため多くの神々を産んだ伊弉冊尊は、火の神・軻遇突智尊の出産時に火に焼かれて亡くなり、この地に葬られたという。熊野市・七里御浜海岸にそそり立つ、高さ約45mの巨岩が祭神の御神体。岩の真下には、玉砂利を敷き御垣をめぐらせた斎場のみがある。本殿や拝殿のない岩場の神社は、古代の霊場そのものの雰囲気だ。御神体の脇には、軻遇突智尊を祀る王子の窟がある。

御祭神 伊弉冊尊《いざなみのみこと》、軻遇突智尊《かぐつちのみこと》

御利益 産業繁栄、安産、縁結び、家内安全、火難除けなど

[TEL] 0597-89-4111(熊野市観光スポーツ交流課)
[所在地] 三重県熊野市有馬町上地130
[アクセス] JR熊野市駅から徒歩15分
[時間][休][料金] 境内自由
[URL] kumanoshi-kankoukyoukai.info/tour/narrow/spot/spot.html

季節の花々で神をお祀りしたことが花の窟の神名の由来という

2・10月の例大祭では日本一長い大縄を引くお綱掛け神事を行なう

Topic

本殿のない神社

日本屈指の名瀑に国造りの神が宿る

飛瀧神社《ひろうじんじゃ》(那智の滝《なちのたき》)

日本三名瀑のひとつ、那智の滝が御神体。神武天皇は東征の途上、那智山中に光輝く滝を発見し、大己貴神(大国主命)を祀った。それが熊野三山のひとつ、熊野那智大社の起源という。のちに大社は近隣地へ移り、大滝を祀る地を別宮の飛瀧神社(飛瀧大神)とした。滝の正面には鳥居と斎場。滝壺近くには御瀧拝所舞台があり、水しぶきのかかる距離で落差133mの豪快な滝を拝める。

御祭神 大己貴神《おおなむちのかみ》
御利益 延命長寿

[TEL]0735-55-0321(熊野那智大社)
[所在地]和歌山県東牟婁郡那智勝浦町那智山
[アクセス]JR紀伊勝浦駅から熊野交通バス・那智山行で24分、那智の滝前下車、徒歩3分　[時間]6:30～16:30　[休]無休
[料金]御瀧拝所舞台300円
[URL]www.kumanonachitaisha.or.jp(熊野那智大社)

神社周囲には、熊野那智大社の社有林である那智山原始林が広がる

境内の滝の正面に設けられた斎場。御瀧拝所舞台は滝壺近くにあり、延命長寿の水とされる滝水の水飲み場がある

日本随一の高さを誇るダイナミックな滝。那智の滝とは本来、那智山中にある滝籠りの修行場だった48の滝の総称。有名なこの滝は一の滝という

急勾配の石段を上る。ゴトビキ岩は琴引岩と書かれることもあるが、熊野地方のヒキガエルの方言「ごとびき」が名の由来ともいわれる

海と街を見晴らす岩に神々が舞い降りた

神倉神社《かみくらじんじゃ》

熊野三山の神々の降臨地とされる、神倉山のゴトビキ岩を御神体として祀る。熊野三山の一社、約1.3km北に建つ熊野速玉大社の創建地で、神倉神社はその摂社にあたる。源頼朝が寄進したという538段の急峻な石段を上ると、高さ60mの絶壁上に巨岩が現れる。岩のすぐ下には拝所を設けている。山上から空へと飛び出た岩が石舞台を思わせる。境内からは新宮の街と太平洋が望める。

御祭神 高倉下命《たかくらじのみこと》、天照大御神《あまてらすおおみかみ》

御利益 国家安泰、現世安常、福徳招来

[TEL]0735-22-2533(熊野速玉大社)
[所在地]和歌山県新宮市神倉1-13-8
[アクセス]JR新宮駅から徒歩15分
[時間][休][料金]境内自由
[URL]kumanohayatama.jp(熊野速玉大社)

2月6日には、松明を持って神社の石段を駆け下りる御燈祭を行なう

標高120mの神倉山山頂近くに境内があり、眼下には街並が広がる

山岳信仰に由来する修験道の聖地
夏期限定で山頂からの絶景を望む

出羽三山神社（月山神社）

●でわさんざんじんじゃ（がっさんじんじゃ）

※山頂の神社に参拝する際は、登山の準備が必要になる。どの程度の装備が必要かは山により異なるので、事前に下調べをしておきたい。

本宮が鎮座する月山の頂上。
雲海の向こうには出羽富士
と呼ばれる鳥海山が見える

1 月山の八合目にある弥陀ヶ原湿原。夏にはニッコウキスゲなど100種を超える高山植物が一面に咲き誇る
2 八合目にある中之宮の御田原神社。五穀豊穣・縁結びの神を祀る
3 本宮は自然石を積んだ石垣内に
4 蜂子皇子の御尊像(中央)。人々の苦悩を取り除いてくれることから「能除太子」と呼ばれた

庄内地方に広がる「生と死と再生」の山
自己と対峙し、生まれ変わりを祈願

出羽三山とは羽黒山、月山、湯殿山の総称。593(推古天皇元)年、崇峻天皇の第3皇子・蜂子《はちこの》皇子が羽黒山頂に出羽神社を創設、のちに月山、湯殿山を開山したとされる。三山を一体としてとらえ、人々の信仰を集める霊験あらたかな修験場だ。三山を巡って修行することを「三関三渡」と呼び、生と死、再生の意味を持つ。

月山神社を擁する標高1984mの主峰月山は、とくに聖域とされる。八合目の弥陀ヶ原《みだがはら》湿原は極楽の世界を思わせる天空の花畑が広がる。山頂に本宮が鎮座するため、山登りで高山植物を愛でながら詣でたい。

キーワード

▶**出羽三山神社** 出羽三山(羽黒山、月山、湯殿山)に鎮座する3つの神社を指し、修験道を重んじる。

▶**三関三渡《さんかんさんど》** 羽黒山は現世利益、月山で死後体験、湯殿山は再生と3世の浄土を表し、三山詣でにより生まれ変わるとされる。

御祭神 月読命《つくよみのみこと》(本宮)、奇稲田姫神《くしいなだひめのかみ》(中之宮)

御利益 五穀豊穣、航海安全、所願成就など

参拝ポイント Check!!

本宮へのお参りは必ずお祓いを受ける

頂上の本宮内はとくに神域であるため、お祓いを受け、人形の紙に息を吹きかけ流し、お参りしたあとにお神酒をいただく。

参拝アドバイス

神社ということにこだわらなくても、大自然に身を投じることで、「自然からエネルギーをいただく」ということが体感できます。羽黒山(➡P.135・148)では、2446段の石段の表参道を、早朝に歩くのがおすすめですよ。

出羽三山神社
祢宜　吉住 登志喜さん

[TEL]0235-62-2355(出羽三山神社社務所)
[所在地]山形県東田川郡庄内町立谷沢本沢31
[アクセス]JR鶴岡駅から庄内交通バス・月山8合目行で2時間、終点で下車し、月山山頂まで徒歩2時間30分
[時間]7月1日～9月15日の5:00～17:00
[休]期間中無休　[料金]祓料500円
[URL]www.dewasanzan.jp

注目の行事 7月1日 **月山神社本宮開山祭** 登拝者の安全と祖霊の鎮魂を願う祭り。※紅葉が始まる9月16日から6月末まで閉山。

出羽三山神社(月山神社)

Column!!
三山に詣でたことになる「三神合祭殿」
月山と湯殿山は雪が深く、冬季の参拝が困難なため、羽黒山頂に三神合祭殿が鎮座し、出羽三山の神を一堂に祀る。三山の年中祭典はすべてここで行なわれる。日本最大級の茅葺き屋根に覆われた現在の祭殿は、1818(文政元)年に再建されたもの。

出羽三山の中心として栄える羽黒山
出羽三山神社(出羽神社) ➡P.148
でわさんざんじんじゃ(いではじんじゃ)

平将門建立と伝わる高さ29m、東北最古の五重の塔(国宝)が建つ。参道に並ぶ約400本の杉並木(国指定記念物)は堂々たるたたずまい。山伏修行の体験塾を開催。

☎0235-62-2355(出羽三山神社社務所)
住 山形県鶴岡市羽黒町手向7
交 JR鶴岡駅から庄内交通バス・羽黒山頂行で55分、終点下車、徒歩10分

俗世間と最も隔絶された神域
出羽三山神社(湯殿山神社)
でわさんざんじんじゃ(ゆどのさんじんじゃ)

羽黒山、月山で修行した者が仏の境地に入る場所で、即身成仏が行なわれていた。人工的なものは禁じられ、本殿や社殿がない。写真撮影禁止、土足禁止の厳しい戒律が今も残る。

☎0235-54-6133
住 山形県鶴岡市田麦俣六十里山
交 JR鶴岡駅から庄内交通バス・湯殿山行で1時間30分、終点で下車し、シャトルバスで5分

羽黒山の麓にある公営浴場。広々とした露天風呂からは月山、羽黒山が望める(やまぶし温泉 ゆぽか)

出羽三山の歴史と文化遺産を展示する。修験道、山伏修行について詳しく紹介。法螺貝の試吹体験もできる(いでは文化記念館)

1974(昭和49)年に芥川賞に輝いた森敦著の『月山』は、注連寺を訪れた体験をもとに執筆されたもの(注連寺)

月山の八合目までバスで行くことができる。本宮へ詣でる場合は、ここから約2時間30分の山登りとなる(月山八合目)

駐車場から湯殿山神社の参拝所の本宮まではシャトルバスが運行。下車後、徒歩5分。ここから本宮まで歩くと20分ほど(出羽三山神社(湯殿山神社))

モデルプラン

一日目　出羽三山で採れる山菜を使った精進料理
お昼に羽黒山の麓へ。午後は往復2時間をかけて羽黒山に登り、出羽三山神社の三神合祭殿を参拝。羽黒山の斎館に宿泊、精進料理をいただく。

二日目　頂上から眺めるパノラマビューに尾根歩き
月山八合目まで車で向かい登山開始。九合目の仏生池小屋で休憩し月山神社本宮を参拝。湯殿山までは尾根を伝って3時間、湯殿山神社本宮を参拝。

お泊まり情報　御田原・湯殿山・羽黒山(斎館)に参籠所があり山中の滞在ができる。羽黒山の麓には休暇村羽黒がある。

峻険な頂に神域が広がる
西日本最高峰に鎮座する社

石鎚神社

●いしづちじんじゃ

標高1982mの天狗岳から眺める弥山(みせん)にある頂上社。弥山と天狗岳、南尖峰の連峰を石鎚山と呼ぶ

1 切り立つ天狗岳。紅葉は10月初旬から色づきはじめ、登山客で賑わう
2 山麓にある口之宮本社の本殿
3 中腹にある成就社。役小角は山頂に至れぬ下山途中、斧をひたすら研いで針にする老人に出会って感銘を受け、再起し見事開山を成し遂げた
4 石鎚スカイライン終点に鎮座する土小屋遥拝殿

修験の道場として名僧が修行を積んだ神仏習合の面影を色濃く残す神社

石鎚神社とは山頂の頂上社(奥宮)、中腹の成就社と土小屋遥拝殿、麓の本社の4社を合わせた総称。日本七霊山のひとつで石鎚山全体を御神体としてあがめる聖域だ。修験道の開祖・役小角が開山ののち、寂仙《じゃくせん》菩薩が石鎚蔵王大権現と讃えて登拝者を導くようになり、深く信仰されてきた。弘法大師も修行に訪れている。

山頂に建つ頂上社へは、成就社から山道を歩いて行く。天気が良いと頂上から九州の山々までが望観でき、日の出や夕暮れどきに後光が差したように光る神々しい虹の輪、ブロッケン現象が見られることもある。

キーワード

▶**役小角《えんのおつぬ》** 役行者ともいい、飛鳥、奈良時代に実在した修験道の開祖。後世に伝わる人物像は超人的で伝説めいた話が多い。

▶**蔵王権現** 修験道の本尊。釈迦如来(過去)、千手観音(現在)、弥勒菩薩(未来)が権化、三世の救済を願い現れた日本独自の仏。

御祭神 石鎚毘古命《いしづちひこのみこと》(仏教では蔵王大権現)

御利益 家内安全、病気平癒、商業繁栄、学業成就など

参拝ポイント Check!!

日本で唯一の「御神像拝戴」を受けることができる

御神像拝戴とは、石鎚大神様の三体の御神像を信者の体に直接あて、御神徳を受ける特殊な神事。御山開き大祭時、頂上社では、本社よりの御神像を拝戴することができる。

参拝アドバイス

「鎖の行場」としても有名な石鎚山。険しい岩場を鎖を伝って懸命に登ることで、無我の境地にいたり、神と人とが一体であるという感覚を体験できます※。また、御山開き大祭期間中、7月1日のみは女性の方の山頂へのご登拝をご遠慮いただいております。

石鎚神社 権宮司
十亀 博行さん

※自信のない場合は無理をせず、迂回路へ。

[TEL]0897-55-4044(石鎚神社本社) [所在地]愛媛県西条市西田甲797(石鎚神社本社) [アクセス]石鎚登山ロープウェイ・成就駅から成就社まで20分(リフト5分、徒歩15分)、成就社から頂上社まで徒歩3時間 [時間]境内自由(頂上社での神職の常駐は5月1日～11月3日のみ) [休]無休 [料金]ロープウェイ往復1950円、観光リフト往復500円、境内無料 [URL]www.shikoku.ne.jp/ishizuchi/

注目の行事 7月1～10日 **御山開き大祭** 石鎚大神の「仁」「知」「勇」の三体の御神像を御輿に動座し、信徒によって頂上社へと奉斎される。

モデルプラン

一日目　登山装備を整え、午後から石鎚山ハイキング
下谷駅から石鎚登山ロープウェイで成就駅へ。リフトに乗り換え徒歩で成就社へ。約3時間の山登りで頂上社へ到着。山頂の頂上山荘に宿泊。

二日目　ご来光を拝んだあとは、国内最古の道後温泉へ
早起きして向かいの天狗岳に昇るご来光を拝んだあと、下山。午後は松山市内観光や開湯3000年の歴史を誇る道後温泉へ足を延ばすのもよい。

創祀1800年以上の古社
伊曽乃神社《いそのじんじゃ》

皇祖天照大御神と開発の祖神である武国凝別命(たけくにこりわけのみこと)を祀る。10月の例大祭は、金色の御輿やだんじり(屋台)81台が神社に奉納され、最も賑わいをみせる。
☎0897-55-2142
住 愛媛県西条市中野甲1649
交 JR伊予西条駅からタクシーで7分

瀬戸内海
燧灘
N
0
2km
今治駅／松山駅
壬生川駅
今治小松自動車道
東予丹原IC
玉之江駅
飛鳥時代創建の県内最古の寺院遺跡。「千本ボタンの寺」として知られ、4月下旬が見頃だ
正善寺
法安寺
生木地蔵
いよ小松北IC
いよ小松IC
いよ小松JCT
松山自動車道
伊予小松駅
伊予氷見駅
予讃線
石鎚山駅
中山川
加茂川
産業道路バイパス
鉄道歴史パーク in SAIJO
伊予西条駅
アサヒビール四国工場
工場見学ができる(事前予約)。併設のビール園ではフレッシュな生ビールやジンギスカンなどが楽しめる
新居浜駅
いよ西条IC
新居浜
鉄道や西条の魅力を紹介。初代0系新幹線や日本で唯一走行可能なDF50形ディーゼル機関車などを展示
伊曽乃神社
前神寺
本社まではJR石鎚山駅から徒歩15分
石鎚神社 本社
194
松山IC
横峰登山口
上の原乗換所
黒瀬湖
綱付山
廃校になった校舎を改装して造られた自然体験型学習施設。バーベキュー場やログハウス、キャンプ場が備わる
平野林道
横峰寺参拝口
横峰寺
極楽寺
石鎚ふれあいの里
高森
石鎚登山ロープウェイまではJR伊予西条駅からせとうちバス・石鎚ロープウェイ・西之川行で54分、ロープウェイ前下車すぐ
石鎚山の標高1400m付近にあり、標高が高いため雪質が良い。瀬戸内海が見渡せる
下谷駅
成就駅
石鎚登山ロープウェイ
石鎚スキー場
石鎚神社 成就社
瓶ヶ森
494
石鎚山
石鎚神社 頂上社
弥山
天狗岳
石鎚神社 土小屋遥拝殿
石鎚スカイライン
面河渓

歴代の天皇から信仰を受けた
前神寺《まえがみじ》

石鎚山の麓にあり、石鉄山(いしづちさん)の別当寺として役小角が開基したと伝わる。真言宗石鉄派の総本山。高倉天皇や後鳥羽天皇など歴代の天皇が奉納した仏像や経巻などが残る。
☎0897-56-6995
住 愛媛県西条市洲之内甲1426
交 JR石鎚山駅から徒歩10分

遍路ころがしといわれた難所
横峰寺《よこみねじ》

石鎚山系の中腹にある四国八十八箇所霊場第60番札所。役小角の修業中に蔵王権現が現れたため、その姿を石楠花の木に彫って安置したのが始まり。御本尊は大日如来。
☎0897-59-0142　住 愛媛県西条市小松町石鎚甲2253　交 JR伊予西条駅からせとうちバス・石鎚ロープウェイ・西之川行で27分、横峰登山口で下車し、徒歩3分の上の原乗換所から横峰寺参拝バスで30分、横峰寺参拝口下車、徒歩15分

Column
修行場の面影を残す いくつもの険しい「鎖場」
山頂へ向かう参道には距離にして約230m、鎖の行場として試しの鎖、一之鎖、二之鎖、三之鎖がかけられている。1本の鎖に思いを託し、峻険な岩場を登ることによって、無我の境地を体得する命をかけた修行(迂回路あり)。

お泊まり情報　弥山の山頂に頂上山荘がある。麓の境内に石鎚神社会館(10名以上の団体予約)、ロープウェイ乗場周辺にも数軒旅館がある。

霊峰にそびえる加賀一ノ宮
修行僧が刻んだ神域へ登る

白山比咩神社

●しらやまひめじんじゃ

石川県
白山市
霊峰白山
御前峰
御前峰
標高二、七〇二M

白山御前峰山頂に鎮座する奥宮。現在の社殿は1988(昭和63)年に再建。標高2702mから神々しい景色が見渡せる

1 柴山潟(加賀市)から見た白山。湖越しの白山の眺望は絶景ポイントのひとつ。晴れた日の姿は美しい 2 御前峰からのご来光を見に、早朝から登山者が集う 3 本宮御社殿。内部は総檜造りで、本殿と30段の木階登廊で結ばれる 4 一の鳥居を抜けると、杉やカエデなどの樹木に覆われた約300mの表参道が続く

「白山《しらやま》さん」と人々から親しまれる全国の白山神社の総本宮

石川県、福井県、岐阜県と3県をまたぐ山域を誇り、古くから霊山信仰の聖地として仰がれている白山。その神域に鎮座する白山比咩神社は、山麓に本宮、山頂に奥宮を構える。本宮は紀元前91(崇神天皇7)年の創建とされ、718(養老2)年、僧の泰澄によって白山御前峰山頂に奥宮が祀られた。白山の開山以降、多くの修行僧が登拝するようになり、その拠点であった3つの馬場のうちのひとつ「加賀馬場《かがばんば》」として栄えた。現在では、「白山さん」と呼び親しまれ、毎年夏山シーズンになると、全国から多くの人々が奥宮へ登拝している。

キーワード

▶**泰澄《たいちょう》** 682(天武天皇11)年生まれ。越前国の人で、14歳のときに出家をして以来、さまざまな山で修行を重ねる。

▶**登拝《とはい》** 僧侶が登山を通じて悟りにいたる修行が所以で、山に登るという行ないそのものが信仰とされている。

御祭神 白山比咩大神《しらやまひめのおおかみ》(菊理媛神《くくりひめのかみ》)、伊弉諾尊《いざなぎのみこと》、伊弉冉尊《いざなみのみこと》

御利益 良縁成就、五穀豊穣、大漁満足、開運招福など

参拝ポイント Check!!

本宮では白山の霊水を汲んで帰ろう

延命長寿の霊水として名高い白山の水。人々の暮らしに恩恵を与えると信じられ、遠方から水を汲みに来る人も多い。

参拝アドバイス

本宮の境内には500年、1000年という年月を生きてきた木々や清らかな水、澄みきった空気があり、自然や生命の豊かさを感じることができます。とくに、木々に囲まれた表参道や100年前の白山伏流水「延命長寿の白山霊水」はおすすめのスポットです。

白山比咩神社 広報 権祢宜
田中 天善さん

本宮 [TEL]076-272-0680 [所在地]石川県白山市三宮町ニ105-1 [アクセス]北陸鉄道・鶴来駅から加賀白山バス・瀬女行で5分、一の宮下車、徒歩5分
[時間][休][料金]境内自由 [URL]www.shirayama.or.jp
奥宮 [アクセス]別当出合から登山道を徒歩5時間
[時間]夏山開山期間7月1日〜8月31日 [料金]境内無料

注目の行事 毎月1日 **おついたちまいり** 御社頭が終日賑わう行事。正月、5月、9月は「おまいり月」とされており、多くの参拝者が訪れる。

新西金沢駅
北陸鉄道石川線
鶴来駅
拡大図 右図
白山比咩神社 本宮
願慶寺
手取峡谷
道の駅 瀬女
尾添川
手取湖
白山白川郷ホワイトロード
冬瓜山
瓢簞山
五箇山IC
東海北陸自動車道
白川郷IC
白川郷合掌造り集落
大嵐山
砂御前山
白峰温泉
青柳山
七倉山
白山(御前峰)
大日山
奥宮祈禱殿
別当出合
取立山
白山比咩神社 奥宮
大長山
えちぜん鉄道勝山永平寺線
比島駅
勝山駅
平泉寺白山神社
赤兎山
願教寺山
丸山
芦倉山
九頭竜川
野伏ヶ岳
天狗山
大日ヶ岳
ひるがの高原
飛騨清見IC
九頭竜線
長良川鉄道越美南線
長良川
高鷲IC
鷲ヶ岳
毘沙門岳
北濃駅
長滝白山神社
白山長滝駅
白鳥高原駅
美濃白鳥駅
九頭竜湖駅
福井駅
0 4km
N
大自然のなかにあり、「新緑」「紅葉」「雪景色」と美しい四季が楽しめる。売店のほか喫茶店もある
岐阜県から石川県へと続く全長33.3kmの有料道路。紅葉が美しく人気のドライブコースで知られる
一般的な登山口。登山のピーク時(7月下旬〜8月上旬)は約300種類の高山植物が楽しめる
昔の「越前馬場」。白山を開山しておよそ115年後に馬場が開かれたといわれている
昔の「美濃馬場」。ここから多くの人々が白山をめざした

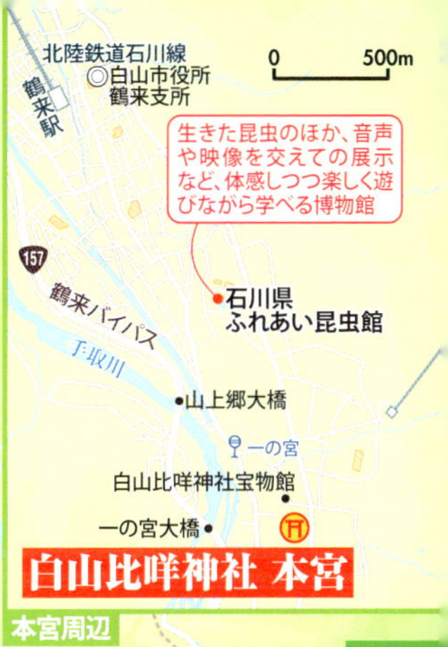

北陸鉄道石川線
鶴来駅
白山市役所鶴来支所
0 500m
生きた昆虫のほか、音声や映像を交えての展示など、体感しつつ楽しく遊びながら学べる博物館
石川県ふれあい昆虫館
鶴来バイパス
手取川
山上郷大橋
一の宮
白山比咩神社宝物館
一の宮大橋
白山比咩神社 本宮
本宮周辺

高さ30mを超える絶壁と綿ヶ滝

手取峡谷《てどりきょうこく》

綿ヶ滝の迫力のある風景は手取峡谷屈指の絶景といわれる。32mの高さからの水しぶきの落下は綿が舞っているように見える。

☎076-259-5893(白山市観光連盟)
交 北陸鉄道・鶴来駅から車で20分

Column!!

白山登拝の拠点として栄えた3つの馬場

『白山記』によると832(天長9)年には加賀、越前、美濃に登拝の拠点となる「馬場」が開かれたと伝わる。登拝の際、馬でそこまで行き、つなぎ留めておいた場所、または馬がそれ以上進めない神域への入口だから「馬場」と呼ばれたという説が残されている。

1995年に世界文化遺産に登録

白川郷合掌造り集落《しらかわごうがっしょうづくりしゅうらく》

114棟の合掌造りの建物をはじめ、豪雪地帯に生きる昔ながら生活の知恵を垣間見ることができる。国の重要文化財、和田家をはじめ、見どころが多い。

☎05769-6-1013(白川郷観光協会)
住 岐阜県大野郡白川村 交 北陸鉄道・鶴来駅から車で1時間40分

写真提供:岐阜県白川村役場

モデルプラン

1日目 初日は翌日の登山に備えゆっくりと体力温存

石川県ふれあい昆虫館で貴重な展示や生きた昆虫を観察。手取峡谷で手取峡谷屈指の絶景を見たあとは、道の駅 瀬女で休憩をし宿へ。

2日目 登山のあとは白川郷まで観光ドライブ

早朝、別当出合から奥宮(約6km)へ登拝。参拝後、白山白川郷ホワイトロードをドライブ。白川郷合掌造り集落へ向かい世界遺産を観光する。

お泊まり情報 登山者向けの宿泊施設やキャンプ場は夏山登山時の混雑を避けるため、ほとんどが予約制。白峰温泉に宿泊してもいい。

北アルプスの美しい登山道を歩き
立山連峰の主峰の社へ

雄山神社

●おやまじんじゃ

雄山神社の峰本社がある、標高3003mの雄山山頂。遠くに富士山や御嶽山も望める

1 山頂付近にある社務所。ここで軽食や飲み物を調達できる。登山の休憩に利用したい
2 峰本社の本殿では神主さんによる祈祷が受けられる
3 山麓の岩峅前立社壇。本殿は国の重要文化財に指定されている
4 芦峅中宮祈願殿。立山の開祖・佐伯有頼はここで晩年を過ごした

立山の主峰雄山《おやま》の頂に鎮座 開山期の夏は多くの登拝客で賑わう

富士山、白山と合わせ、日本三霊山と称される立山が御神体。越中国一の宮のひとつにも数えられる。越中国司の息子・佐伯有頼《さえきのありより》が、701（大宝元）年に立山権現の教えを受け、文武天皇の勅命により開山した。神社は雄山頂上の峰本社《みねほんしゃ》、山麓の芦峅中宮祈願殿《あしくらちゅうぐうきがんでん》、岩峅《いわくら》前立社壇《まえだてしゃだん》の3社殿からなる。峰本社に参拝できるのは夏季の3カ月間のみで、室堂から立山黒部アルペンルートの立山登拝道コースをたどって2時間ほど。途中には急勾配や足場の悪い場所もあるが、山々や富山湾の風景を楽しみつつ登頂することができる。

キーワード

▶**一の宮《いちのみや》** 江戸時代以前の行政区画「国」のなかで、最も格式が高いとされた神社。

▶**立山権現《たてやまごんげん》** 立山の山岳信仰と修験道が融合した神仏習合の神のこと。阿弥陀如来、不動明王を本地仏とする。

御祭神 伊邪那岐神《いざなぎのかみ》、天手力雄神《あめのたぢからおのかみ》

御利益 家業繁栄、縁結び、諸難防災、開運など

参拝ポイント \Check!!/

日焼け、高山病対策と防寒を忘れずに

雄山は標高3000m級。強い紫外線や高山病の発症、気温の降下が予想される。体調管理や対策用品の準備はしっかりと。

参拝アドバイス

峰本社に立つと、北アルプスの360度の大パノラマや立山連峰の氷河、御前沢雪渓などを眺めることができます。参拝するといただけるお札は、雄山に登った証明にもなりますよ！室堂から約2時間で登ることができますが、途中一ノ越からは急な坂と岩礫に注意してください。

立山町観光協会
事務局長　小山 民夫さん

[TEL]090-5178-1519（峰本社に関する問い合わせ先）
[所在地]富山県中新川郡立山町芦峅寺立山峰1
[アクセス]立山ケーブルカー・美女平駅から立山高原バスで50分、室堂ターミナル下車、徒歩2時間
[時間]7月1日～9月30日の3カ月間　[休]期間中無休
[料金]500円　[URL]www.oyamajinja.org

モデルプラン

1日目　長野県側からアルペンルートに入る
扇沢駅からトロリーバスなどを乗り継ぎ、標高2450mの室堂ターミナルへ。そこから参拝登山道に入り、一ノ越山荘まで行って一泊。

2日目　雄山に登り、山頂の峰本社に参拝
山荘を出発し、山頂を目指す。一ノ越を境に険しくなる道を進み、約1時間で雄山神社の峰本社に到着。参拝・休憩ののち、室堂へ下山する。

みくりが池温泉
血の池
みくりが池
みどりが池
立山室堂山荘
第32番石仏
玉殿岩屋
室堂ターミナル
ホテル立山
立山自然保護センター
立山高原バス
弥陀ヶ原
雪の大谷
国見岳 2620m
立山トンネルトロリーバス
参拝登山道
雄山神社 峰本社
立山（大汝山）3015m
雄山 3003m
浄土山 2831m
一ノ越山荘
大観峰駅
室堂展望台
龍王岳 2872m
0　500m
室堂平〜雄山山頂

新黒部駅／黒部駅
西魚津駅
黒部宇奈月温泉駅
富山湾
越中中村駅
東滑川駅
早月加積駅
浜加積駅
あいの風とやま鉄道線
富山地方鉄道本線
滑川駅
中滑川駅
西滑川駅
北陸新幹線
北陸自動車道
水橋駅
西加積駅
滑川IC
中加積駅
越中舟橋駅
越中泉駅
新相ノ木駅
新宮川駅
N
0　3km
寺田駅
上市駅
稚子塚駅
田添駅
立山IC
五百石駅
榎町駅
下段駅
釜ヶ淵駅
沢中山駅
富山地方鉄道立山線
雄山神社 岩峅前立社壇
立山山麓の芦峅寺に建つ。古来信仰されてきた立山の歴史と文化を紹介している
岩峅寺駅
大川寺駅
雄山神社 芦峅中宮祈願殿
富山県［立山博物館］
横江駅
富山地方鉄道立山線
千垣駅
有峰口駅
本宮駅
立山ケーブルカー
立山駅
富山県側からのアルペンルートの出発点。富山地方鉄道と立山ケーブルカーの2つが発着する
高峰山
標高約1000m地点の美女平にはブナやトチの原生林が広がり、森林浴・野鳥観察が楽しめる
美女平
美女平駅
大品山
立山高原バス
立山黒部アルペンルート
大熊山
落差は350mと日本一。水しぶきをあげて流れ落ちる様子は壮観
大日岳
称名滝
高層湿原の弥陀ヶ原は高山植物や池塘が見どころ。散策用に木道が敷かれている
奥大日岳
弥陀ヶ原
天狗平
上図
室堂平
雄山神社 峰本社
剱岳
アルペンルートの長野県側の玄関口・扇沢駅とトロリーバスで結ばれている
黒部ケーブルカー
大観峰駅
黒部平駅
黒部湖駅
黒部ダム
黒部ダム
扇沢駅
立山ロープウェイ
黒部湖
関電トンネルトロリーバス

雄大な山々が迫りくる、アルペンルートの中心地

室堂平《むろどうだいら》

3000m級の山に囲まれた溶岩台地。北アルプスでいちばん美しいといわれる火山湖「みくりが池」など名所を巡る散策コースが整備されている。日本最高所の駅である室堂ターミナルにはおみやげ店やレストランも揃っている。

☎076-432-2819（立山黒部貫光）　㊟富山県中新川郡立山町芦峅寺室堂　㊋室堂ターミナルからすぐ

日本最大級の水力発電ダム

黒部ダム《くろべダム》

※放水期間は毎年6月26日〜10月15日

高さ186m、堤長492mと世界有数の規模を誇る。迫力ある放水やエメラルドグリーンの黒部湖がハイライト。放水は展望台から、湖は遊覧船「ガルベ」に乗って楽しもう。

☎0261-22-0804（くろよん総合予約センター）　㊋黒部ケーブルカー・黒部湖駅／関電トンネルトロリーバス・黒部ダム駅から徒歩5分

Column!

立山黒部アルペンルートで北アルプスを横断しよう!

富山県立山町と長野県大町市を結ぶアルペンルートは、総延長37.2km、最大高低差1975m。トロリーバスやケーブルカーといった6種類の乗物を使って北アルプスを横断できる。途中には美しい湖沼や雄大な山岳風景など見どころが満載。国の天然記念物・雷鳥に出会えることもある。12月〜4月上旬は入山不可だが、ほかの時季は高山植物や紅葉など四季折々の自然に出会える。

お泊まり情報　室堂、天狗平、弥陀ヶ原に宿泊施設がある。山荘からリゾートホテルまで、好みに合わせて選べる。

Topic

参道の美しい景色に心を癒しながら上りきりたい

長い石段のある神社

三神を祀る三神合祭殿がある「羽黒山」

出羽三山神社（出羽神社）《でわさんざんじんじゃ（いではじんじゃ）》

修験道の行場として現在もなお多くの参拝者が訪れる出羽三山。羽黒山、月山、湯殿山の三山をいう。593（推古元）年、崇峻天皇の第3皇子、蜂子《はちこの》皇子が羽黒山に出羽神社を開いた。羽黒山は標高が低く山頂近くに建つ三神合祭殿まで麓から約1.7㎞、2446段の石段が延々と続く。東北最古で国宝の五重塔を参観し、一の坂から三の坂までの参道は急な箇所もあるが、沿道の杉木立に癒される。

御祭神 伊氏波神《いではのかみ》、稲倉魂命《うかのみたのみこと》

御利益 所願成就、開運招福など

[TEL] 0235-62-2355（出羽三山神社社務所）
[所在地] 山形県鶴岡市羽黒町手向7
[アクセス] JR鶴岡駅から庄内交通バス・羽黒山頂行で38分、随神門下車すぐ　[時間][休][料金] 境内自由
（出羽三山歴史博物館は入館料300円）
[URL] www.dewasanzan.jp

羽黒山へと続く県道にかかる大鳥居越しに月山を望む

五重塔は高さ29mの素木造り。ひときわ太い杉は樹齢1000年以上の爺杉

石段の登頂には40分から1時間。石段の途中には二の坂茶屋があり、休憩に最適。眺望も良く、石段踏破の認定証も発行してくれる

どこまでも延々と続くかのように思われる石段。疲労もたまるが、
上りきった先で見られる景色と、自分の足で参拝したという達成感は格別だ。
ちなみに、日本で一番長い石段があるのは熊本県の釈迦院というお寺。

石段は比較的急なので、途中の見どころを見学しながらゆっくり上ろう。足元ばかりでなく、ときには振り返って絶景を楽しみたい

壮麗な社殿の素晴らしさに疲れも消える

金刀比羅宮《ことひらぐう》

「こんぴらさん」の愛称で全国に知られる金刀比羅宮は海の守護神。開創は定かではないが、『玉藻集《たまもしゅう》』や『讃州府《さんしゅうふ》志《し》』には3000年の歴史との記述もある。象頭山《ぞうずさん》(琴平山《ことひらやま》)の中腹にあり、その石段の長い参道でも有名だ。石段は本宮まで785段、さらに奥社まで上ると1368段になる。本宮も奥社も最後の100段ほどの上りが急だが、大門、旭社など数々の社や鳥居、門が沿道や境内を飾る。

御祭神 大物主命《おおものぬしのみこと》、崇徳天皇《すとくてんのう》

御利益 農業殖産、漁業航海など

[TEL]0877-75-2121　[所在地]香川県仲多度郡琴平町892-1
[アクセス]JR琴平駅から大門まで徒歩30分
[時間]境内自由(有料施設は8:30〜17:00)
[休]無休(有料施設は休館日あり)
[料金]無料(一部有料施設あり)
[URL]www.konpira.or.jp

社殿は1878(明治11)年再建。天井には桜樹の蒔絵が施されている

御本宮脇の高台からは讃岐平野やが一望でき讃岐富士も見える

Topic

より神聖な雰囲気を漂わす、圧倒的な存在感

巨樹のある神社

日本一の重圧感が漂う「蒲生のクス」

蒲生八幡神社

かもうはちまんじんじゃ

蒲生氏の初代当主である蒲生舜清《ちかきよ》が、宇佐八幡宮(現在の宇佐神宮➡P.100)を勧請して1123(保安4)年に建立。神木として祀られてきた「蒲生のクス」は推定樹齢約1500年、樹高30mで、1988(昭和63)年の環境庁の調査以来、日本一の巨樹として認められ、神秘的な存在感を放っている。

御祭神 応神天皇《おうじんてんのう》、神功皇后《じんぐうこうごう》、仲哀天皇《ちゅうあいてんのう》

御利益 健康長寿、安産、自立自興など

[TEL] 0995-52-8400 [所在地] 鹿児島県姶良市蒲生町上久徳2284 [アクセス] JR帖佐駅から南国交通バス・楠田方面行で21分、蒲生支所前下車、徒歩5分 [時間] [休] [料金] 境内自由
[URL] powerdesign.bbplus.net/0_Kamou80000/KamouSite/top/top.html

樹根部分は、大きなこぶが複雑に重積し、8畳分もの大きな空洞ができている

現在は樹高23mだが、1999(平成11)年の台風で大枝が折れる以前は30mもあった

そそり立つ霊木「八代の大けやき」

足鹿神社

あしかじんじゃ

創建時期は不明だが、927(延長5)年に編纂された『延喜式』神名帳に記載されている式内社。境内でひときわ目立つ「八代の大けやき」は、境内拡張工事や台風などの影響で樹勢を損じ、現在は回復処置が施されているが、樹齢推定1500年の今もなお、威厳を失わず、力強く根を張っている。

御祭神 道中貴命《みちなかのむちのみこと》

[TEL] 079-672-4003(朝来市役所観光交流課)
[所在地] 兵庫県朝来市八代229
[アクセス] JR新井駅から徒歩30分
[時間] [休] [料金] 境内自由

神聖な空気のなかで、人々の崇拝を受けながら育った樹は、
古くから蓄積された気品と威厳を放ち、目の前にした者を圧倒する。
言葉では言い表せない歴史の重みと自然の力強さを、実感できるだろう。

願いが込められてきた「乳イチョウ」

乳保神社《にゅうほじんじゃ》

イチョウの古木には、人や動物の乳房が垂れた形に似ているといわれる気根を生ずるものがあり、この神社の神木であるイチョウにも多くの気根ができた。そこで、母乳が豊富に出るようになどと祈願する参拝者が増え、「乳イチョウ」にちなんで乳保神社と呼ばれるようになったという。

御祭神 木花咲耶姫命《このはなさくやひめのみこと》

御利益 授乳など

[TEL]088-694-6814（上板町教育委員会）
[所在地]徳島県板野郡上板町瀬部西井内763
[アクセス]JR徳島駅から徳島バス・二条鴨島線で1時間、井ノ内下車、徒歩2分
[時間][休][料金]境内自由

推定樹齢900年以上といわれていて、徳島県内のイチョウで一番の長寿

力強いオーラを纏う「矢立杉」

榛名神社《はるなじんじゃ》

創建から約1400年が経つ由緒ある古社は、清流や滝、老杉などに包まれ、幽玄な雰囲気が漂う。石畳の参道を進むと、まっすぐにそびえる神々しい杉が現れる。約400年前、武田信玄が箕輪《みのわ》城攻略の際、矢を立てて戦勝祈願をしたことから「矢立杉」といわれる巨樹で、樹高は推定55mにもなる。

御祭神 火産霊神《ほむすびのかみ》、埴山姫神《はにやまひめのかみ》

御利益 鎮火、開運、五穀豊穣、商売繁盛など

[TEL]027-374-5111（榛名観光協会）
[所在地]群馬県高崎市榛名山町849
[アクセス]JR高崎駅から群馬バス・榛名湖行で1時間10分、榛名神社下車、徒歩15分 [時間]7:00～18:00（冬季は～17:00） [休]無休 [料金]無料

榛名神社は、矢立杉はもちろん、御姿岩や七福神などが有名なパワースポット

一段一段、階段を踏みしめると
名句を生んだ景観と音が去来する

立石寺（山寺）

りっしゃくじ（やまでら）

左は屹立する岩山の先端に建つ納経堂。奥の院で写経された信徒の法華経を納める。1599（慶長4）年建立

1 奥の院に向かって左手の岩場の上に建つ五大堂は五大明王を祀る道場。立石寺随一の眺望ポイント
2 美しい仁王門にはケヤキを使用。紅葉も似合うが雪にも映える
3 立石寺全体の本堂にあたる根本中堂は、日本最古のブナ材の建築物
4 釈迦如来と多宝如来を本尊とする奥の院。大仏殿には金の大仏を安置

1150年余の歴史を生きた みちのくの寺に残る芭蕉の足跡

通称山寺といい、860(貞観2)年、慈覚大師が開山。開山の際、比叡山 延暦寺(➡P.167)から分けられた法灯は、どちらかが絶えても分かち合いながら続いている。境内には山麓から山頂近くまで、岩山に寄り添うように堂宇が建つ。登山口に近い根本中堂《こんぽんちゅうどう》から最上部の奥の院までは参道の階段が1000段以上続く。階段は一部を除きかなりの急勾配。山上からの絶景を期待しつつ、ゆっくり上りたい。芭蕉が詠んだ「閑《しずか》さや岩にしみ入る蝉の声」の句はあまりに有名だが、ここの参拝は予定外だった。芭蕉の心変わりに感謝したい。

キーワード

▶**慈覚大師《じかくだいし》** 開山の祖。円仁ともいい、最澄に師事、第3代天台座主。最澄、空海らとともに入唐八家に連なる。

▶**松尾芭蕉** 江戸時代の俳人。伊賀国生まれ。紀行文『奥の細道』は代表作だが、山寺の句をはじめたくさんの名句を残した。

宗派 天台宗
御本尊 薬師如来

参拝ポイント Check!!

毎年夏と秋にはライトアップで幻想的に

7月下旬～8月下旬の夏季と10月下旬～11月上旬の紅葉の時季、毎日18～21時に開山堂と五大堂がライトアップされる。

参拝アドバイス

秋の山寺の紅葉は絶景です。10月の初めに山の高いところから色づきだし、1カ月かけて麓まで下りてきます。とくに、展望台になっている五大堂からの眺めは見事ですよ。

立石寺　清原住職

[TEL] 023-695-2843
[所在地] 山形県山形市山寺4456-1
[アクセス] JR山寺駅から徒歩5分
[時間] 8：00～17：00
[休] 無休(施設により異なる)　[料金] 300円
[URL] www.rissyakuji.jp

注目の行事 1月14日 **開山忌** 立石寺を開山した慈覚大師の法要が開山堂で営まれる。扉が開けられ慈覚大師の姿を見ることができる。

モデルプラン

午前
景色を楽しみにひたすら登る
立石寺の登山口を出発。根本中堂を過ぎれば山門までゆるやか。せみ塚から仁王門までは最大の急勾配。性相院を左に行くと五大堂や開山堂へ、右は奥の院へ。1000段以上、上り所要約2時間。

午後
天気次第で蔵王でハイキング
天気が良ければ、やや離れているが蔵王温泉へ足を延ばしてみよう。ロープウェイやケーブルを利用して自然散策を満喫。

寒河江駅
最上川
羽前長崎駅
羽前金沢駅
羽前山辺駅
天童駅
天童南駅
高擶駅
元祖天童観光果樹園
山形名物サクランボの本場は寒河江だが、天童には観光果樹園がたくさんあることで人気が高い
仙台駅
立石寺(山寺)
山寺芭蕉記念館
山寺駅
仙山線
高瀬駅
立谷川
漆山駅
楯山駅
南出羽駅
山形北IC
羽前千歳駅
山形自動車道
フルーツライン左沢線
東金井駅
山形中央IC
馬見ヶ崎川
北山形駅
出羽山形藩の初代藩主・最上義光の居城、山形城の城址。現在は二の丸の堀が残る。春は桜の名所
霞城公園
山形市役所
山形駅
村田Jct
山形蔵王IC
山形県庁
須川
奥羽本線(山形新幹線)
東北中央自動車道
猿岡山
蔵王駅
米沢駅
N
0
2km
西蔵王高原ライン
蔵王スカイケーブル
蔵王温泉
蔵王中央ロープウェイ
蔵王温泉
蔵王ロープウェイ山麓線
蔵王ロープウェイ山頂線
地蔵山
山形と宮城にまたがる蔵王連峰の県境付近、宮城県側の火口湖。時間や気候で変化する湖水が神秘的
樹氷が見られるエリア。樹氷とは気象条件、地形、植生などが合致してできる現象で、スキーシーズンにはライトアップされ幻想的
御釜
蔵王猿倉スキー場
芳刈放牧場
蔵王ライザワールド
冷水山

山形はもとより東北での芭蕉をしのぶ

山寺芭蕉記念館《やまでらばしょうきねんかん》

芭蕉が立石寺を訪れてから300年、山形市誕生100年を記念して1989(平成元)年設立。『奥の細道』に関する資料や直筆の句を収蔵するほか、俳句大会や講座も開かれる。

☎023-695-2221　住山形県山形市山寺南院4223　交JR山寺駅から徒歩8分

Column!!

『奥の細道』芭蕉の山形での足跡

当初、芭蕉が東北の旅を考えたときは、立石寺の参拝は予定になかったが、人から一見の価値があるとすすめられ、尾花沢から引き返したようだ。立石寺までは7里ほど、曾良(そら)の日記によれば、北千住を出発してから2カ月後、1689(元禄2)年の旧暦5月27日午後3時過ぎに到着し、その日のうちに山上に参っている。お堂が閉まっていたり、参拝者も少なかったことだろうが、山中の静寂はここで詠んだ名句がなによりも饒舌に語っている。

四季折々に変わる蔵王の山々を楽しむ

蔵王温泉《ざおうおんせん》

蔵王連峰の北、蔵王温泉スキー場の拠点となる温泉で、冬は樹氷、夏はトレッキング、秋は紅葉、初夏は新緑が楽しめる高原リゾート。

☎023-694-9328(蔵王温泉観光協会)
住山形県山形市蔵王温泉　交JR山形駅から山交バス・蔵王温泉行で40分、終点下車

お泊まり情報 鉄道でも車でも1時間圏内の天童温泉がおすすめ。レジャーも併せて楽しむなら蔵王温泉へ。山寺駅周辺に宿は少ない。

断崖絶壁に建つ投入堂
いまもって謎を秘める国宝

三徳山三佛寺

●みとくさんさんぶつじ

奥の院、投入堂は蔵王権現を祀ったお堂を役小角が法力で岩場のくぼみに投げ入れたと伝わる

1 木々の合間から山中のお堂が顔をのぞかせる。麓には望遠鏡も設置の遥拝所があり投入堂を遠望できる
2 鎖場の先にある懸造りの文殊堂。重文。回廊には手すりがない
3 洞窟にはまるように造られた観音堂。ここを抜けると登山も終わり
4 木の根が地表を這う急勾配のカズラ坂は修験の道そのもの

峻険な行者道を越えた先で人々を魅了し続ける伝説のお堂を拝む

寺の由来は、706(慶雲3)年に役小角《えんのおづぬ》が飛ばした3弁の蓮の花びらの1弁が三徳山に落ち、寺と修験場を開いたという。急峻な三徳山は、登山道も整備されておらず修験の行場そのものだ。その後、慈覚大師《じかくだいし》が阿弥陀・釈迦・大日如来を祀ったことから三徳山三佛寺と呼ばれた。参道の階段を上った先、三佛寺本堂の裏で投入堂参拝の入山料を払ってからが本番だ。カズラ坂、鎖場といきなり厳しい登りが始まる。文殊堂《もんじゅどう》、地蔵堂など懸造《かけづく》りの建物が見事だ。さらに難所を過ぎると納経堂や観音堂。いよいよ投入堂が目前に迫る。

キーワード

▶**三徳山** 山名は般若、法身、解脱の3つの徳を意味し、全山が三佛寺の境内。稀少な植生も多く、名勝・史跡・国立公園に指定。

▶**投入堂《なげいれどう》** 断崖に建ち、軽快に反る屋根、柱の構成など、建築美に優れた奥院。建立方法は今も謎に包まれている。

宗派 天台宗

御本尊 釈迦如来、阿弥陀如来、大日如来

参拝ポイント Check!!

投入堂へ参拝する場合は服装に注意

本堂裏にある投入堂登山参拝受付所では、入山届の徹底、登山者の服装などを厳しくチェック。滑りやすい靴や、金具の付いた登山靴は禁止。

参拝アドバイス

近年の調査により、平安建築と断定された投入堂。本堂から奥の行者道は輪袈裟と参拝登山に適した履き物を着用のうえ、小学生以上、2人以上で参拝していただきます。また、本堂下手にある「宝物殿」では、投入堂の御本尊である蔵王権現立像を保存・展示しており、こちらも見事です。

三徳山三佛寺
良順さん

[TEL]0858-43-2666　[所在地]鳥取県東伯郡三朝町三徳1010　[アクセス]JR倉吉駅から日ノ丸バス・三徳山行で35分、三徳山参道入口下車、徒歩10分　[時間]8:00～17:00(投入堂は～15:00)　[休]無休(投入堂は12～3月と荒天・積雪時は閉山)　[料金]400円(投入堂までは別途200円)
[URL]www.mitokusan.jp

注目の行事 10月下旬 **秋会式(炎の祭典)** 参詣者の願いを書いた護摩木が山伏のホラ貝とともに火の中に投じられると願いが叶うという修験道行事。

日本海
ハワイ海水浴場
東郷池の北、日本海に面する海水浴場で、白い砂浜と透明度の高いきれいな海が特徴。夕日も美しい
9
道の駅 はわい
鳥取駅
不動滝
米子駅
はわい温泉
東郷池
東郷温泉
東郷池の西側、湖に岬のように突き出す先端にある温泉で、遠くから見ると湖に浮かんでいるよう
温泉として本格的利用が始まったのは明治から。志賀直哉をはじめ、多くの文人が訪れた
天神川
松崎駅
北山古墳
長伝寺
山陰本線
179
倉吉駅
伯耆しあわせの郷
鉢伏山
村上神社
赤瓦・白壁土蔵
天神川
倉吉の赤瓦・白壁土蔵群
打吹公園
1904（明治27）年、大正天皇が皇太子のときの山陰歴訪を記念して造園。さくらの名所百選のひとつ
三朝温泉
三朝町役場
三朝温泉観光商工センター前
河原風呂
北野神社
三徳川
温泉街の中心、三朝橋のたもとの河原にある露天風呂で混浴。河原から温泉が湧き出している
三徳山参道入口
三徳山三佛寺
投入堂
N
0
1km
179
湯原温泉／奥津温泉
三徳山
小鹿渓

モデルプラン

午前　投入堂参拝登山に挑戦

投入堂参拝受付時間は8～15時。午前中の早い時間に登山しよう。通常は片道1時間で投入堂を見上げる最終地点に着く。冬季は閉山。

午後　登山の疲れはラドン含有の三朝温泉で

下山し、ランチを済ませたら三朝温泉で温泉三昧。まずは温泉に浸かり、ひと心地ついたら温泉街をそぞろ歩くのもいい。

池の中央の湖底から温泉が湧く

東郷池《とうごういけ》

日本海に近い淡水の湖で、シジミ漁が盛ん。西の湖岸にはわい温泉、南側には東郷温泉がある。周囲約10㎞ほどなので、散策にもよい。

交 JR松崎駅からすぐ

白壁に赤瓦が映えるレトロな街並

倉吉の赤瓦・白壁土蔵群《くらよしのあかがわら・しらかべどぞうぐん》

倉吉の街を東西に流れる玉川沿いには赤瓦と白壁の町家や土蔵が建ち並ぶ。江戸末期～明治にかけて建てられたものが多く、風情を感じさせる。街並は国の重要伝統的建造物群保存地区に選定。

☎0858-22-1200（倉吉白壁土蔵群観光案内所）

交 JR倉吉駅から路線バス市内線で12分、赤瓦・白壁土蔵下車

昔ながらの温泉街

三朝温泉《みささおんせん》

三朝川の岸辺にずらりと温泉宿が並び、温泉街を歩けば、駄菓子屋、喫茶店、みやげもの店など、懐かしい雰囲気が味わえる。足湯めぐりや公衆浴場で立ち寄り湯も楽しい。

☎0858-43-0431　交 JR倉吉駅から日ノ丸バス・三朝温泉方面行で25分、三朝温泉観光商工センター前下車

Column!

山陰の名湯・三朝温泉

850年の歴史を誇る山陰屈指の温泉。高濃度のラドンを含み、放射能温泉としては世界屈指。温泉に浸かると自然治癒力や免疫力が高まる。三晩ここに泊まれば3日目の朝にはすっかり元気を取り戻していることから、三朝温泉と名づけられた。

お泊まり情報　山陰の名湯・三朝温泉でくつろぎたい。万一、宿の予約をしていなければ、観光協会と温泉組合が入る観光商工センターへ。

そびえ立つ巨岩を背に
徳川家ゆかりの寺の境内が広がる

鳳来寺
●ほうらいじ

本堂へと続く参道の1425段の石段は鳳来寺山頂への登山道でもある

寺に伝わるところでは、703(大宝3)年に利修仙人が開山。本尊の薬師如来像は利修が彫ったと伝わる。文武天皇の病が祈祷により治癒したことから、伽藍を賜り、祈祷の際、利修が都へ鳳凰でやって来たことから鳳来寺と名付けられた。さらに、家康が世に生を受けたのは、跡継ぎのないことを嘆いた母・於大の方がこの寺に参籠したおかげという。これを知った江戸幕府は篤く庇護、寺は最盛期を迎えた。当時は21院坊を誇ったが、今では仁王門に遺構が残るのみ。樹齢800年という傘杉とそびえる巨岩が寺の栄枯盛衰を知る。

宗派 真言宗
御本尊 薬師如来

キーワード

▶**鳳來寺山** 標高695m。声のブッポウソウといわれる愛知の県鳥コノハズクが生息。紅葉が美しく、国の名勝に指定。

▶**於大《おだい》の方《かた》** 松平広忠の正室で家康を産んだあと離縁、久松俊勝に嫁ぎ6人の子を産んだ。俊勝死後は剃髪、伝通院と号した。

参拝ポイント Check!!

ハイキング途中にも見どころが豊富

ハイキングで参道を歩けば、樹齢800年、上方の枝葉が傘のような巨木、傘杉、狭い岩の間をくぐる胎内くぐりなどの楽しみもある。

[TEL] 0536-32-0022(新城市観光協会)
[所在地] 愛知県新城市門谷鳳来寺1
[アクセス] JR本長篠駅から豊鉄バス・田口新城線で8分、鳳来寺下車、徒歩1時間
[時間][休][料金] 境内自由

注目の行事 1月上旬 **鳳来寺田楽** 三河の三田楽のひとつ。稲作や養蚕などの農作業だけでなく、鳳来寺の信仰と密着した内容の歌謡が特徴。

1 鐘楼の背後に巨大な屏風のような鏡岩が立ちはだかる。岩に反響する野鳥のさえずりも美しい。鐘楼の鐘には棟方志功の十二神将が彫られている
2 3代将軍家光の寄進で建てられた仁王門。両脇に金剛力士像が控える
3 本堂は1974(昭和49)年の再建で、屋根は銅板葺き

立ち寄りスポット
鳳来山東照宮《ほうらいさんとうしょうぐう》

徳川家光が日光東照宮の縁起に家康の出生は両親が鳳来寺に祈念したためという記述を発見し造営。造りも日光と同様。

☎0536-35-1176　住愛知県新城市門谷鳳来寺4　交鳳来寺から徒歩5分

モデルプラン

午前
小さな碑や朽ちたお堂に栄華の跡を見る
本堂への参道の1425段の階段をゆっくり上りながらここを参拝した幾多の人々に思いを馳せる。本堂まで上り、足に自信があれば山頂へ。

午後
参拝の思い出に浸り、山登りの疲れを癒す
鳳来山東照宮にもお参りしたあとは、1300年の歴史を誇る温泉郷、湯谷温泉へ。ゆっくり宿泊するのもよし、日帰り温泉浴もいい。

お泊まり情報　湯谷温泉郷は利修仙人が発見した温泉といわれる。鳳来峡沿いに温泉が並び、自然を満喫しながら湯浴みできる。

急峻な岸壁に寄り添うような
観音堂の朱色が目に飛びこむ

釈尊寺（布引観音）

●しゃくそんじ（ぬのびきかんのん）

見上げる布引の岩山に残る白い岩肌は老婆が追い求めた白い布

千曲川《ちくまがわ》のほとり、布引山の急峻な岩山がつくりだす深い渓谷に建つ。布引観音とも呼ばれ、「牛に引かれて善光寺参り」で知られる布引伝説はここから生まれた。寺伝では、724(神亀元)年、行基が開山。その後、1548(天文17)年に武田信玄の侵攻により、また1723(享保8)年には野火により、2度焼失した。現存する建物の大半は江戸後期、小諸藩主牧野康明《まきのやすあきら》が再興した。朱に塗られた懸造りの観音堂が岩の断崖にしがみつくように建つ。お堂への参道は険しい山道だが、道端の石仏や奇岩、風穴にひと息つきながら登りたい。

宗派 天台宗
御本尊 聖観世音菩薩

キーワード

▶**善光寺** 長野県長野市に所在。日本の仏教が諸宗派に分かれる以前からあるため、無宗派とされる。本尊は阿弥陀如来。

▶**牛に引かれて善光寺参り** 牛に化身した観音様が強欲で信心薄い老婆を引いて善光寺まで走り改悛させたという伝説。

参拝ポイント Check!!

観音堂の中にある「宮殿《くうでん》」は必見!
観音堂の中の岩屋に安置されていたため焼失を免れた。1258(正嘉2)年の棟札が残っており、細部に鎌倉時代の様式が見られる。重要文化財に指定。

[TEL]0267-22-1234（小諸市観光協会）
[所在地]長野県小諸市大久保2250
[アクセス]JR／しなの鉄道・小諸駅からタクシーで10分、参道入口で下車、徒歩15分
[時間][休][料金]境内自由

注目の行事 7年に1度、善光寺御開帳時 **布引伝説ウォーキング** 牛に引かれて善光寺参りの伝説にならい、小諸から長野まで64kmを歩く。

1

2

3

1 垂直に切り立つ断崖絶壁に建つ観音堂。鎌倉時代の建築で懸造り。堂内には宮殿と呼ばれる仏殿の形をした厨子があり、重文に指定されている
2 観音堂への参道は、岩山をくりぬいた洞窟の中を抜けて行く
3 観音堂から布引渓谷を望む。春は桜、秋は紅葉の名所

立ち寄りスポット

小諸城址懐古園《こもろじょうしかいこえん》

穴城という珍しい築城の小諸城址。大手門や石垣が築城当時のまま現存。日本百名城やさくらの名所100選に選定。

☎0267-22-0296　住 長野県小諸市丁311　交 JR／しなの鉄道・小諸駅から徒歩3分

モデルプラン

午前

上りは距離が短いが急勾配なのでゆっくりと

参道の入口は木々に覆われているのでわかりにくい。布引山観世音と書かれた石碑が目印。本堂へは15分、観音堂へはさらに3分が目安。

午後

小諸に出て島崎藤村をしのびながら歩く

ランチ後、小諸城址懐古園や藤村記念館、さらには千曲川にも足を延ばしたい。藤村ゆかりの蔵元や食事処にも立ち寄りたい。

お泊まり情報　小諸市内だけでも温泉が点在しており、選択肢は幅広い。宿泊施設のタイプも民宿、ペンション、旅館、ホテルとさまざま。

足がすくむほどの急斜面
振り返れば讃岐平野が広がる

出釋迦寺
しゅっしゃかじ

香川県、五岳連山の中央に弘法大師伝説の山がどっしりと構える

弘法大師空海との縁深き寺は四国霊場第73番でもある。寺に伝わるところでは、弘法大師が7歳のとき、「仏道に入り、人民救済を願い、願いが叶うなら釈迦如来が現れ、叶わないなら命を供養する」と願って岩山から飛び降りたところ、釈迦如来と天女が現れ抱きとめて、願いが叶った。弘法大師は感激し、山の名を我拝師山とし、山の中腹に出釋迦寺を建てたという。かつては今の奥の院に本堂や札所があったが、今は麓に移っている。奥の院のさらに上部には弘法大師が身を投げた捨身ヶ嶽の岩山がそそり立つ。

宗派 真言宗御室派
御本尊 釈迦如来

キーワード

▶**我拝師山《かはいしさん》** 香川県善通寺市の西方にそびえる標高481mの山。ほとんど垂直に切り立っている南斜面は行場に使われた。

▶**県木のヒノキ** 香川県の保存木に指定されている大木で参道にある。幹の周囲3.3m、高さは16.8m。ご神木でもある。

参拝ポイント Check!!

奥の院のさらに奥は険しい捨身ヶ嶽の行場

奥の院を抜けると捨身ヶ嶽の岩場。弘法大師の霊験で目が治ったという石工が彫った目治篭彫不動尊が見える。急勾配に注意。

[TEL] 0877-63-0073　[所在地] 香川県善通寺市吉原町1091
[アクセス] JR善通寺駅から本堂までタクシーで10分、奥の院までは本堂から徒歩50分(奥の院へ参拝する場合は納経所に要連絡。乗用車の乗り入れも可)
[時間] 7:00〜17:00　[休] 無休　[料金] 無料
[URL] www.shushakaji.jp

注目の行事 7月下旬 **きゅうり加持** 弘法大師がキュウリで疫病封じを行なったことにちなみ、疫病除けの祈祷が行なわれるようになった。

1 奥の院山門から奥の院へは石畳の参道が続く。奥の院はかつて本堂だったところで、今は根本御堂が建つ。奥の院に向かって右手の岩場が捨身ヶ嶽
2 捨身ヶ嶽の急峻な岩山を登ると、山頂には護摩壇と稚児大師像が
3 似た建物が並ぶが左が本堂、右が大師堂。現本堂は1774(天明4)年の再建

断崖絶壁に建つお寺

出釋迦寺

立ち寄りスポット

総本山善通寺《そうほんざんぜんつうじ》

真言宗善通寺派の総本山で、弘法大師の三大霊跡のひとつ。東西2つの広大な伽藍を有し、重文など宝物も多数。

☎0877-62-0111 住香川県善通寺市善通寺町3-3-1 交JR善通寺駅から徒歩20分

モデルプラン

午前
まずは奥の院まで登って足試しをしよう
本堂や大師堂のある境内を参拝、山登りの無事を祈る。奥の院や奥の院の山門までは車でも行けるが徒歩で。捨身ヶ嶽への登山は脚と相談。

午後
弘法大師ゆかりの寺を巡る
ランチは香川名物・讃岐うどんを。弘法大師生誕の地である総本山善通寺はじめ、四国八十八カ所の霊場になっている周辺の札所を巡りたい。

≡Topic≡

長い歴史を持つ、霊験あらたかな3つの聖地に詣でたい

日本三大霊山

山上の宗教都市で真言密教の真髄に触れる

高野山《こうやさん》 金剛峯寺《こんごうぶじ》

816(弘仁7)年に弘法大師が開いた真言密教の聖地。8つの峰々に囲まれた山全体が境内地で、高野山と呼ぶが山の名ではない。金剛峯寺《こんごうぶじ》という名ももともとは山全体を指していたが、明治以降は一寺をこう呼ぶようになった。高野山の本堂は壇上伽藍にある金堂。ほかに根本大塔《こんぽんだいとう》など真言密教の核となる堂宇や塔が並ぶ。壇上伽藍と並ぶ高野山信仰の要は、弘法大師が入定した奥の院だ。

宗派 高野山真言宗

御本尊 薬師如来

[TEL]0736-56-2011 [所在地]和歌山県伊都郡高野町高野山132 [アクセス]高野山ケーブル・高野山駅から南海りんかんバス・奥の院前行で11分、金剛峯寺前下車すぐ
[時間]8:30～17:00、奥之院は参拝自由 [休]無休
[料金]根本大塔・金堂200円、金剛峯寺堂内500円（山内共通券は2000円） [URL]www.koyasan.or.jp

金剛峯寺の主殿。1863(文久3)年の再建で、東西約60mに及ぶ大きさ

約2kmにわたる奥之院参道の最奥部には、弘法大師の御廟がある

真言密教の根本道場における象徴となる根本大塔。現在の塔は1937(昭和12)年に再建されたものだが、堂内は立体の曼荼羅そのもの

ここでいう霊山とは、仏教における聖地のこと。
弘法大師（空海）が開いた真言宗の高野山、伝教大師（最澄）が開いた天台宗の比叡山、
そして死者の魂がやって来る恐山が、日本三大霊山として知られている。

日本の仏教の礎を築いた聖地

比叡山《ひえいざん》 延暦寺《えんりゃくじ》

標高848m、比叡山は京都と滋賀の県境にそびえる。比叡山全域を境内とし延暦寺と呼ぶ。開祖は伝教大師最澄、788（延暦7）年に一乗止観《いちじょうしかん》院《いん》を創建した。境内に点在する堂塔は約150にのぼり、根本中堂《こんぽんちゅうどう》など主要な建物がある東塔《とうどう》、釈迦堂などの堂宇が森林にあり修験の場である西塔《さいとう》、慈覚大師円仁により開かれた横川《よかわ》の3エリアからなる。日本仏教の各宗派の高僧を輩出。

宗派 天台宗

御本尊 薬師如来

［TEL］077-578-0001 ［所在地］滋賀県大津市坂本本町4220 ［アクセス］坂本ケーブル・延暦寺駅から延暦寺バスセンター（東塔エリア）まで徒歩8分 ［時間］8：30～16：30（1・2月は9：00～16：30、12月は9：00～16：00） ［休］無休 ［料金］巡拝券（3塔共通）700円 ［URL］www.hieizan.or.jp

各エリアの中心的お堂を中堂という。東塔の中堂であり延暦寺の総本堂が根本中堂。現在の建物は1642（寛永19）年に再建（上）

横川地域の本堂・横川中堂。清水寺と同じ懸造りで舟が浮かぶように見える。昭和の再建で朱塗りが鮮やか。本尊は聖観音菩薩（左）

死者の魂が集まるとされる北の霊場

恐山《おそれざん》 菩提寺《ぼだいじ》

862（貞観4）年、最澄の弟子、慈覚大師円仁が開山。下北半島の中央部、宇曽利湖を囲む外輪山の総称が恐山で単独の山名ではない。菩提寺から宇曽利湖にかけては火山岩があちこちに露出し、硫黄臭が漂い、荒涼たる地獄のような風景が広がるが、通り抜けた先には宇曽利湖の美しい極楽浜が待っている。恐山大祭や恐山秋祭りの際にはイタコの口寄せが行なわれる。

宗派 曹洞宗

御本尊 地蔵菩薩

［TEL］0175-22-3825 ［所在地］青森県むつ市田名部宇曽利山3-2 ［アクセス］JR下北駅から下北交通バス・恐山行で45分、終点下車すぐ ［時間］6：00～18：00（大祭典、秋詣り期間中は異なる） ［休］11～4月 ［料金］入山料500円

山門は壮麗な二重門。くぐり抜けると石灯籠が並ぶ参道が続く。突き当たりは本尊安置地蔵殿。この参道沿いにイタコが並ぶ（上）

カルデラ湖の宇曽利湖は標高214mにあり、広さは2.5㎢、周囲は12.5kmほど、水質は強い酸性のため生物はほとんど生息していない（右）

飛鳥時代の仏教文化を物語る 世界最古の木造建築群

法隆寺

●ほうりゅうじ

西院伽藍の入口にあたる中門と、
その向こうにそびえ立つ五重塔。
どちらも国宝に指定されている

1 五重塔は、上層に向かって細くなる構造と、頂部に長く伸びる相輪のため、天高くそびえ立つような迫力と安定感を持つ　2 聖徳太子をしのんで建てられた夢殿。八角形の堂の中央に秘仏・救世観音像を安置する　3 日本に現存する最古の金剛力士像。中門の左右に立ち、寺を守護している

聖徳太子が開いた古刹に日本最古の五重塔がそびえ立つ

聖徳太子が用明天皇の病気平癒を願って607(推古天皇15)年に創建。670(天智天皇9)年に火災により焼失し、現在の伽藍は7世紀末～8世紀初めに再建されたもの。世界最古の木造建築群や仏像・宝物類など、国宝・重要文化財だけで約190件、総計2300余点を擁し、日本で最初の世界遺産に登録された寺でもある。

国宝・五重塔は、日本最古の五重塔として知られる。高さ約31.5m(基壇上)で、上層に行くほど屋根が小さくなっていくのが特徴的。内部には仏教にまつわる有名な場面を表した塑像群が安置されている。

キーワード

▶**聖徳太子** 推古天皇の摂政であり、仏教を篤く信仰していた。有名な「十七条憲法」にも仏教精神の影響が強くみられる。

▶**塑像**《そぞう》 粘土で造られた像。五重塔内の塑像群は国宝に指定されている。釈迦の入滅(死)を嘆き悲しむ弟子たちの像が有名だ。

宗派 聖徳宗

御本尊 釈迦三尊

参拝ポイント Check!!

「法隆寺の七不思議」をたどって境内を歩いてみる

法隆寺には七不思議伝説があり、そのうち五重塔頂部の相輪にかかる4本の鎌と、南大門前の鯛石は実際に見られる。ほかに、蜘蛛が巣を作らない、蛙が片目といった奇妙な話も。

参拝アドバイス

「日本初の世界文化遺産」としてあまりにも著名。観るものほとんどが世界最古、日本初、日本唯一…それなのに真価が意外と知られていません。そのすごさをわれわれガイドが眼からウロコで解き明かします、ぜひお声掛けください。

斑鳩の里観光ボランティア
入矢 啓さん

[TEL]0745-75-2555　[所在地]奈良県生駒郡斑鳩町法隆寺山内1-1　[アクセス]JR法隆寺駅からエヌシーバスで8分、法隆寺門前下車すぐ　[時間]8:00～17:00(11月4日～2月21日は～16:30)　[休]無休　[料金]境内自由、西院伽藍内・大宝蔵院・東院伽藍内共通券1500円
[URL]www.horyuji.or.jp

注目の行事 4月11日～5月18日／10月22日～11月23日 **夢殿本尊特別開扉** 毎年春と秋に、夢殿の秘仏である救世観音立像が公開される。

貴重な仏像を眼前に拝観できる
法輪寺《ほうりんじ》

聖徳太子の子・山背大兄王が父の病気平癒を願って建立したと伝わる。本尊の薬師如来坐像など、数多くの飛鳥～平安期の仏像を間近で鑑賞できる。

☎0745-75-2686　住 奈良県生駒郡斑鳩町三井1570　交 奈良交通バス・中宮寺前下車、徒歩15分

のどかな田園のなかに建つ
法起寺《ほうきじ》

聖徳太子の子・山背大兄王が創建。708(慶雲3)年に建立された日本最古の三重塔が建つ。寺の周辺にはコスモスが植えられ、秋には一面に咲き誇る。

☎0745-75-5559　住 奈良県生駒郡斑鳩町岡本1873　交 奈良交通バス・法起寺前下車すぐ

大和郡山
N
0
200m
斑鳩溜池
菅原神社
三井瓦窯跡
法起寺前
法起寺
法輪寺
中宮寺宮墓
9
斑鳩神社
法隆寺
五重塔
金堂
中門
賢聖院
夢殿
中宮寺
西福寺
弥勒院
子守大明神
昭和末期に2体の人骨や副葬品が発掘され話題に。近くの斑鳩文化財センターで複製品を鑑賞できる
藤ノ木古墳
法隆寺門前
法隆寺門前の参道には食事処やみやげ物店が並ぶ。参拝前後の昼食にはこちらを利用しよう
中宮寺前
法隆寺の鎮守社で、聖徳太子が法隆寺創建の際、龍田大明神のお告げを受けたと伝わる
斑鳩文化財センター
上宮遺跡公園
25
法隆寺前
法隆寺国際高
成福寺
浄慶寺
斑鳩町役場
龍田神社
奈良時代の建物跡を整備した上宮遺跡公園。称徳天皇が使用した幻の離宮・飽波宮の跡ともみられる
富雄川
奈良駅
王寺
「ぽっくり寺」の名で親しまれ、祈祷を受けると苦しまずに往生できるといわれる
西念寺
伊弉冊命神社
吉田寺
願随寺
5
法隆寺駅
関西本線（大和路線）
王寺駅
いかるがホール
法隆寺IC

美仏が拝める日本最古の尼寺
中宮寺《ちゅうぐうじ》

法隆寺の夢殿に隣接する寺。国宝・菩薩半跏像はモナリザ、スフィンクスと並んで「世界三大微笑像」に数えられ、優美で穏やかな笑みをたたえている。

☎0745-75-2106　住 奈良県生駒郡斑鳩町法隆寺北1-1-2　交 奈良交通バス・中宮寺前下車、徒歩5分

Column!!
シルクロードの東の終着点・奈良

ヨーロッパとアジアを結ぶ交易路・シルクロードの東端は奈良だったといわれている。仏教もシルクロードを通じてインドから奈良まで伝播した。広大なアジア各地を渡ってきた仏教美術が奈良で集積され花開いたと考えると、この地が優れた仏教美術の宝庫なのもうなずける。

モデルプラン

午前　法隆寺の参拝をメインに、周辺の見どころも

藤ノ木古墳に立ち寄ってから、法隆寺をじっくり拝観。隣接する中宮寺を訪れたあと、法隆寺門前へ戻って昼食と休憩をとり、バス停へ移動。

午後　里山の自然を満喫しながら古刹を巡る

バスで法輪寺へ。参拝後は法起寺まで、緑豊かな田園風景のなかを散歩。法起寺のあとは再びバスに乗り、龍田神社と吉田寺にもお参りを。

お泊まり情報　奈良駅周辺が比較的選択肢が多くおすすめ。京都や大阪からでもすぐにアクセスできる。

五重塔や仏像の美しい姿に
女人高野をうかがい知る

室生寺

●むろうじ

山深い室生の四季に彩られ 小ぶりで端整な姿を見せる五重塔

開創は興福寺(➡P.178)の僧、賢璟《けんけい》。以来、法相宗をはじめ天台宗、真言宗などの高僧を迎えた。山深い環境もあり、次第に密教色を強め、女人にも開かれた道場として親しまれる。都の外れにあり焼き討ちに遭うこともなかったため、密教美術の宝庫となった。五重塔は高さが約16.1mで、屋外の五重塔としては国内最小だ。見上げたとき、下から上までひと目で視野に入る。高さが低いわりには屋根が大きく、しかも勾配が少ない。檜皮葺きだから出せる美しい屋根の曲線、白壁に朱塗りの塔が杉木立に調和している。

宗派 真言宗室生寺派

御本尊 如意輪観音

キーワード

▶**密教美術** 密教の教えに従って描いた曼荼羅や仏像、絵画などの総称。日本では弘法大師らの活躍とともに開花。

▶**檜皮葺《ひわだぶ》き・柿葺《こけらぶ》き** 日本独自の屋根葺きの方法で古来から伝わる。檜皮は檜の樹皮を、柿は2～3㎜の板を葺く。

参拝ポイント \Check!!/

国宝や重要文化財など、貴重な仏像を多数安置

金堂には国宝や重文に指定されている釈迦如来立像や地蔵観音菩薩立像などが安置されているほか、弥勒堂や本堂にも、とくに密教美術を伝える像が多数ある。

[TEL]0745-93-2003 [所在地]奈良県宇陀市室生78
[アクセス]近鉄・室生口大野駅から奈良交通バス・室生寺行で14分、終点下車、徒歩5分 [時間]8:30(桜・シャクナゲ・紅葉の時季8:00)～17:00 12～3月9:00～16:00
[休]無休 [料金]600円(特別拝観期間は別途400円)
[URL]www.murouji.or.jp

注目の行事 10月下旬～11月 **金堂特別拝観** 通常は入れない金堂外陣より、仏像を特別に拝観できる。国宝や重文の仏像を間近に見られる好機。

1 本堂横の石段を上りつめると五重塔が優美な姿で立つ。石段の両脇に咲く桜やシャクナゲの花が楚々とした五重塔を華やかに飾る
2 杮葺きの屋根を持つ金堂は、江戸時代に懸造りの礼堂が加えられた
3 太鼓橋を渡るとすぐ表門。手前に「女人高野室生寺」の石標が立つ

立ち寄りスポット

大野寺《おおのじ》

室生寺の末寺でしだれ桜と対岸の岩に彫られた弥勒磨崖仏で有名だ。とくにしだれ桜は樹齢300年という古木がある。

☎0745-92-2220　住 奈良県宇陀市室生大野1680　交 近鉄・室生口大野駅から徒歩5分

モデルプラン

午前　**午前中は室生寺をたっぷり鑑賞**
室生口大野駅から室生寺への路線バスは9～11時の間と13～16時の間に1時間に1本のみなので注意。室生寺は斜面に建てられており階段が多い。

午後　**周辺の名刹・古刹に花を訪ねる**
室生寺門前の食事処でランチ。午後は室生口大野駅に戻る途中で大野寺に立ち寄り、参拝。時間があれば花の寺として知られる長谷寺を見学。

お泊まり情報　室生寺門前の太鼓橋のたもとにある橋本屋は老舗旅館。奈良を撮り続けた写真家の土門拳はここに泊まり室生寺を撮影した。

仏塔の背後には悠々たる醍醐山
平安の昔をしのぶ景色に出会う

醍醐寺

●だいごじ

春には五重塔に桜が色を添える。秀吉が花見の名所として整備し「醍醐の花見」を行なったことでも知られる

1 霊宝館近くのしだれ桜は樹齢180年余。枝をいっぱいに広げて咲く姿が見事な巨木だ　**2** 朝廷の使者を迎える際に使用した三宝院の唐門。2010(平成22)年修復　**3** 金堂には本尊の薬師如来坐像が安置されている　**4** 堂々たる体躯の五重塔。空へと伸びる相輪も立派で、塔全体の高さの3分の1を占める

山上山下、2つの伽藍を持つ大寺院
京都にある17の世界遺産のひとつ

9世紀後半、聖宝が醍醐山頂に開創した寺院に始まる真言宗醍醐派の総本山。平安前期に醍醐、朱雀《すざく》、村《むら》上《かみ》の3天皇の帰依をうけて、山頂の上醍醐、山麓の下醍醐の両伽藍が発展した。応仁の乱の災禍に見舞われ荒廃したが、のちに豊臣秀吉の援助により復興。

下醍醐の伽藍にそびえる951(天暦5)年建立の五重塔は京都府最古の木造建築。上層になるほど屋根が小さくなるなど、平安様式が見られる数少ない五重塔のひとつだ。堂内壁面には両界曼荼羅図などの密教絵画が描かれる。春には五重塔と桜の競演も楽しめる。

キーワード

▶**聖宝《しょうぼう》** 832(天長9)年〜909(延喜9)年。弘法大師の弟・真雅から教えを受けた真言宗の僧侶。後世、理源大師の名で呼ばれる。

▶**両界曼荼羅《りょうかいまんだら》** 密教の教えや真理を図に表す曼荼羅のうち、「胎蔵界曼荼羅」と「金剛界曼荼羅」の2つの総称。

宗派 真言宗醍醐派

御本尊 薬師三尊

参拝ポイント Check!!

体力と時間に余裕があれば上醍醐へ

下醍醐から山道を抜けた先、貴重な堂宇群が残る醍醐山頂の上醍醐は寺の起源となった場所。参拝時間を含め、往復3〜4時間。

参拝アドバイス

まずは醍醐寺の塔頭・三宝院へ。秀吉が精魂込めて造らせた庭があります。庭の中央に立つ「藤戸石」は時の権力者の間を転々とし、ようやくここ三宝院の庭に落ち着いたという悲哀の伝説が残る石。注目してください。三宝院を拝観したら、五重塔がある下醍醐の伽藍へ向かいましょう。

京都史跡ガイドボランティア協会
会長　細田 茂樹さん

[TEL] 075-571-0002　[所在地] 京都府京都市伏見区醍醐東大路町22　[アクセス] 地下鉄・醍醐駅から徒歩10分
[時間] 9:00〜17:00(12月第1日曜の翌日〜2月は〜16:00)
[休] 無休　[料金] 三宝院・伽藍・霊宝館各600円(共通券2カ所1000円、3カ所1500円)、上醍醐600円
[URL] www.daigoji.or.jp

注目の行事 4月第2日曜 **豊太閤花見行列** 1598(慶長3)年、豊臣秀吉が北政所をはじめ、秀頼、淀君、諸大名など大勢を率いたという花見行列を再現。

典麗な平安庭園で四季の花々を愛でる

勧修寺《かじゅうじ》

900(昌泰3)年、醍醐天皇が生母・藤原胤子を弔うため創建。氷室池を中心とした庭園では、桜やスイレン、カキツバタ、ハナショウブなど春から夏にかけて咲く美しい花々が参拝客を魅了する。

075-571-0048 住 京都府京都市山科区勧修寺仁王堂町27-6 交 地下鉄・小野駅から徒歩6分

紅梅が可憐に咲く、小野小町ゆかりの寺

随心院《ずいしんいん》

➡P.30

六歌仙の一人にも数えられる絶世の美女・小野小町の邸宅跡といわれる地に建ち、小町井戸や文塚などゆかりの遺構が残る。古くから「はねず」と呼ばれ親しまれてきた、紅梅も有名。

075-571-0025 住 京都府京都市山科区小野御霊町35 交 地下鉄・小野駅から徒歩5分

山科駅
西念寺
名神高速道路
勧修寺
小野駅
外環状線
宮道神社
大乗院
西向寺
随心院
醍醐天皇が眠る後山科陵。醍醐天皇とは通称で、醍醐の地に陵があることから後世の人がそう呼び始めたという
コーヒーが香る餅と餡に、生クリームもたっぷりと入れた珈琲大福で有名な、山科わかさ屋がある
京菓子司 山科わかさ屋
醍醐天皇陵
北醍醐小
醍醐道
下醍醐から上醍醐へは、歩いて1時間ほど。足場はそれほど悪くないが、歩きやすい靴で行くのがおすすめ
東稜高
一音寺
36
西方寺
朱雀天皇醍醐陵
奈良街道
地下鉄東西線
山科川
南昌院
理性院
長尾天満宮
京都朝鮮初級学校
三宝院
醍醐寺
北小栗栖天神宮
パセオ・ダイゴロー
西館
東館
醍醐駅
五重塔
女人堂
醐山料理 雨月茶屋
N
0
200m
伝法学院
醍醐小
古くから醍醐寺に伝わる料理法をもとにした醐山料理や、旬の素材を使った精進料理などが楽しめる
六地蔵駅
上醍醐

Column!

「醍醐味」で知られる醍醐の地名の由来

もともと醍醐とは仏教用語で、栄養価が高い牛や羊の乳製品のこと。その濃厚で甘みのある味わいを「醍醐味」という。醍醐寺の名は、聖宝大師が醍醐山に訪れた際、地主神に出会い、その神様が山の湧水を「醍醐味なるかな」と評したことに由来する。その寺号に端を発し、地名も醍醐となった。

モデルプラン

午前 **下醍醐から上醍醐へ。昼は醐山料理に舌つづみ**

醍醐寺塔頭・三宝院を見学し、下醍醐の伽藍へ。その後、上醍醐へと足を延ばす。下山したら、境内にある雨月茶屋で醐山料理を楽しみたい。

午後 **ゆっくりとおさんぽ気分で、醍醐のお寺巡り**

午後は醍醐寺から随心院、勧修寺までを歩いて巡る。醍醐寺からの道のりは約2km。足が疲れたら、京阪バスを利用してまわることができる。

お泊まり情報 周辺にも宿泊施設はあるが、京都駅からのアクセスも良いので、市内観光を兼ねるなら市街地に宿泊するほうが便利。

藤原氏の栄華を見つめてきた五重塔と仏像たちの眼差し

興福寺

こうふくじ

四方を仏に守られる奈良の象徴 いにしえの様式を伝える五重塔

藤原氏の氏寺であり法相宗の大本山。前身は藤原鎌足夫人が造営した山階寺《やましなでら》。厩坂《うまさかや》に移ったのち、遷都にともない藤原不比等が移転、寺名を興福寺とした。藤原氏の権勢を示すために平城京外京の高台を選んだと考えられ、高台にそびえる五重塔はどこからでもよく見える。高さは約50m、東寺(➡P.180)の五重塔に次ぐ。5度の火災に遭い、現在の塔は室町時代の再建。軒の出の深さなどに奈良時代の特徴を残す。さらに特筆すべきは、再三の火災にもかかわらず多くの仏像が焼失を免れていること。その代表が阿修羅像だ。

宗派 法相宗

御本尊 釈迦如来

キーワード

▶**藤原不比等** 659(斉明5)年～720(養老4)年。藤原鎌足の次男。妻の橘三千代の力添えで朝廷との関係を深め、権力を握る。

▶**八部衆像** 興福寺西金堂の本尊を守っていた眷属の像。このなかの一体が阿修羅像。どの像も乾漆造りで表情に特徴。

参拝ポイント Check!!

「阿修羅像」が安置される国宝館も必訪

火災を免れた幾多の仏像をはじめ曼荼羅、経文などを収蔵、展示。国宝や文化財も多く、本尊の十一面観音像をはじめ阿修羅像を含む八部衆像、十大弟子像など枚挙に暇がない。

[TEL]0742-22-7755 [所在地]奈良県奈良市登大路町48
[アクセス]近鉄奈良駅から徒歩5分
[時間]境内自由、東金堂・国宝館9:00～17:00
(受付は～16:45) [休]無休
[料金]東金堂300円、国宝館600円、東金堂と国宝館の共通券800円 [URL]www.kohfukuji.com

注目の行事 5月中旬 **薪御能** 興福寺南大門跡地の芝生を舞台に野外で薪を焚きながら行なわれる御能。始まりは869(貞観11)年にさかのぼる。

1 猿沢池越しに見る興福寺の五重塔。池の北側には興福寺へと続く階段がある。池は1300年に近い歳月を毎日違う五重塔を映し続けてきた
2 国宝の東金堂は726(神亀3)年の創建。現在の建物は室町時代の再建
3 北円堂も国宝。現在の建物は鎌倉期の再建。興福寺に現存する最古の建物

立ち寄りスポット
名勝旧大乗院庭園《めいしょうきゅうだいじょういんていえん》

興福寺の門跡、大乗院の庭園で1087(寛治元)年に寺とともに築庭されたが幾度も火災に遭い、室町時代に善阿弥父子が改造。
☎0742-24-0808　住 奈良県奈良市高畑町1083-1　交 奈良交通バス・奈良ホテル下車すぐ

モデルプラン

午前
まずは猿沢池から五重塔を眺めよう
猿沢池の南のほとりから興福寺の五重塔を鑑賞。最も奈良らしい風景のひとつだ。猿沢池の東端から興福寺方面の階段を上って南大門跡から参観。

午後
興福寺と二大勢力を誇った東大寺へ
ランチ後、散策しながら東大寺(➡P.84)へ。聖武天皇と藤原氏、それぞれの寺院の堂宇や仏像に二人の栄華をしのぶのも面白い。

平安の時代より京を見守り続ける凛とした五重塔の立ち姿

東寺(教王護国寺)

●とうじ(きょうおうごこくじ)

世界に誇る古都京都のシンボル 伝統の美と日本の心に触れる

796(延暦15)年、桓武天皇が平安京に遷都した際に創建された寺院。のちに、嵯峨天皇から寺を託された弘法大師空海によって日本初の密教寺院となった。唯一現存している平安京の遺構で、世界遺産にも登録されている。日本一高い木造建造物である約55mの五重塔は、4度の火災に見舞われたがそのたびに再建し、今もなお当時の景観を残す。春には桜が塔に彩りを添え、また違った美しさを堪能できる。境内には平安遷都とともに建立された金堂など国宝建造物が並ぶ。講堂内に安置された立体曼荼羅の迫力ある姿は必見だ。

宗派 真言宗
御本尊 薬師如来

キーワード

▶**弘法大師空海** 唐で密教を学んだのち、国内に広く伝授。日本初の私設学校を開校するなど民衆の教育にも注力した。
▶**立体曼荼羅《りったいまんだら》** 密教の教えを具現化したもので、羯磨(かつま)曼荼羅の通称。大日如来を中心に21尊の仏像が配されている。

参拝ポイント Check!!

毎月21日に開催される「弘法市」

弘法大師をしのび、月命日の21日に開催。境内には多くの露店が並び、骨董品や日用品、植物から食品などが揃う。

[TEL]075-691-3325 [所在地]京都府京都市南区九条町1
[アクセス]京都駅から徒歩15分
[時間]8:30〜17:00(9月20日〜3月19日は〜16:00)
ほか、春・秋の特別公開期間やライトアップ期間は異なる
[休]無休 [料金]境内自由、金堂・講堂500円
[URL]www.toji.or.jp

注目の行事 1月8〜14日 **後七日御修坊** 真言宗最高の儀式。7日間にわたり灌頂院で国の安泰や繁栄を祈願する。14日には灌頂院が公開される。

1 境内には、しだれ桜やソメイヨシノなど多くの桜が咲き誇る。ひときわあでやかに咲く樹齢120年を超える不二桜越しに眺める東寺も趣深い
2 本尊の薬師如来を安置する金堂。新都への平穏の祈りが込められている
3「弘法さん」として親しまれている弘法市は、地元の人や観光客で賑わう

立ち寄りスポット

京都水族館《きょうとすいぞくかん》

日本初、完全な人工海水利用型水族館。バラエティ豊かな9つのゾーンに分かれている。各種体験プログラムも人気。

☎075-354-3130　住 京都府京都市下京区観喜寺町35-1　交 京都駅から徒歩15分

モデルプラン

午前
世界遺産、東寺を心ゆくまで味わう
見どころの多い東寺をゆったりまわるのがオススメ。境内の国宝建造物はもちろん、寺宝も多数保有している。密教美術を存分に堪能したい。

午後
自然に触れて心身ともにリフレッシュ
午後は梅小路公園を散策。朱雀の庭やいのちの森で自然に癒されたい。公園内には京都水族館もあり、雨の日も楽しめる。

お泊まり情報　京都駅周辺にはホテルが集まっているので、こちらを利用すると便利。市内各所へのアクセスが良いのも大きな魅力だ。

Topic

仏教の歴史と人々の交流がもたらした独特の世界観

エキゾチックなお寺

古代インド風のデザインが見られる大伽藍

築地本願寺《つきじほんがんじ》

2014(平成26)年に国の重要文化財に指定された築地本願寺は、浄土真宗の寺院様式を用いた美しい内部空間と、古代インド仏教様式を模した外観が見事に融合している。インドの石造寺院のような荘厳な姿は、建築家・伊東忠太によるもの。過去に明暦の大火災や関東大震災で被災した経験を生かし、鉄筋コンクリートや花崗岩《かこうがん》を多用した災害に強い寺院が1934(昭和9)年に完成した。

宗派 浄土真宗本願寺派

御本尊 阿弥陀如来

[TEL] 03-3541-1131
[所在地] 東京都中央区築地3-15-1
[アクセス] 地下鉄・築地駅からすぐ
[時間] 6:00～17:30(10～3月は～17:00)
[休] 無休　[料金] 無料
[URL] tsukijihongwanji.jp

建物内部は本堂内陣よりも外陣を広くとった浄土真宗独特の寺院様式

神聖な動物たちの意匠を各所に用い、仏教説話の世界を表現している

菩提樹の葉をモチーフとした半円の屋根や蓮の花のデザインなどが見られる外観。石造りの建物外観は古代インドの石窟寺院を思わせる

郊外に突如現れる奇抜な建築のタイ寺院や朱に彩られた中国風寺院など
「和」の仏教建築とは一線を画する異国的な趣の寺院が各地に存在する。
さまざまな信仰への思いが交差する情緒ある寺院を訪ねてみたい。

日本で初めて建立されたタイ寺院

ワット・パクナム日本別院《ワット・パクナムにほんべついん》

成田市の郊外にあるひときわ目立つ建造物。日本初の本格的なタイ寺院だ。1998(平成10)年に開設され、2005年にはタイ仏教ならではの豪華絢爛な本堂が完成、在日タイ人をはじめとする、信者の心のよりどころとなっている。タイ王国大使館の協力のもと、タイマッサージの研修やタイ料理の講習など、国際交流行事も積極的に行なわれる。

宗派 上座部仏教(タイ仏教)
御本尊 釈迦牟尼仏

[所在地]千葉県成田市中野294-1
[アクセス]JR成田駅／京成成田駅から タクシーで30分
[時間][休][料金]境内自由
[URL]www.pakunamu.com

敷地には約2000坪の本堂のほか、サーラーと呼ばれる休憩所を兼ねた大食堂や宿泊棟などが備わり、タイ風の庭園も造られている(上)

バンコクにある本院は巧緻な天井画が有名だが、日本別院の本堂も繊細な彫刻や迫力ある壁画が目をひく。正面には本尊が座す(左)

まるで竜宮城のような中国様式寺院

崇福寺《そうふくじ》

1629(寛永6)年に建立された明朝末期の様式の寺院。第一峰門と大雄宝殿は国宝に指定され、ほかにも5つの国指定重要文化財、4つの県指定有形文化財、10の市指定有形文化財を有する、まさに文化財の宝庫ともいうべき寺院だ。本尊は釈迦如来であるが、長崎と明を往来する当時の商人たちの航海安全を祈願し、海の神である媽祖《まそ》を祀る媽祖堂を持つのが大きな特徴。

宗派 黄檗宗
御本尊 釈迦如来

[TEL]095-823-2645
[所在地]長崎県長崎市鍛冶屋町7-5
[アクセス]路面電車・正覚寺下駅から徒歩3分
[時間]8:00～17:00
[休]無休　[料金]300円

国宝のひとつである大雄宝殿は長崎に現存する最古の建物。軒から下がる擬宝珠付垂花柱はたいへん珍しい(上)

竜宮造りとして知られる国指定重要文化財の三門。死者の霊を慰める祭り、中国盆会には赤や黄色の提灯が飾られ、より華やかに(右)

奥州藤原氏の理想郷
極楽浄土を表現した雅な庭園

毛越寺

●もうつうし

大泉が池を中心とした浄土庭園。浄土思想に基づく平泉の遺跡群のひとつとして世界遺産に登録されている

1 平安時代の雅な歌遊びを再現した曲水の宴(ごくすいのえん)。毎年5月の第4日曜に開催される　2 約300種3万株のハナショウブが咲き誇るあやめ祭りは、毎年6月20日から　3 1989(平成元)年に再建された平安様式の本堂。朱色が鮮やか　4 宝冠の阿弥陀如来を祀る常行堂。秘仏の摩多羅神は33年に一度御開帳

藤原氏の栄華と理想がしのばれる
日本で有数の浄土式庭園

850(嘉祥3)年に慈覚大師《じかくだいし》円仁が創建したといわれる。平安後期、奥州藤原氏2代基衡《もとひら》から3代秀衡《ひでひら》の時代に中尊寺を超える規模まで造営されるが、藤原氏の滅亡後、災禍に巻き込まれすべての建造物は焼失。現在は浄土式庭園と保存状態の良好な遺構が残っている。往時とほぼ同じ姿の浄土式庭園は、奥州藤原氏の一族が戦のない平和な世界を願い、浄土を現世に具現化しようとしたもの。庭の中心、大泉が池には『作庭記』に基づく築山や遣水、池中立石などの技巧がちりばめられ、季節や方向によってさまざまな表情を見せる。

キーワード

▶**浄土式庭園** 寝殿造り庭園をベースに、思想の変化を受けて平安～鎌倉時代にかけて多く造られた寺院の庭園を指す。

▶**作庭記** 平安時代に書かれた日本最古の造園書。寝殿造庭園の作庭方法や技術が解説され、日本庭園の発達に影響を与えた。

宗派 天台宗

御本尊 薬師如来

参拝ポイント Check!!

池の南西隅には「枯山水」の築山も

水面から約4mほどの高さで、自然石を組み合わせて作った岩山がある。池の一部に山水の風景を表現する、初期の枯山水の手法。鎌倉時代後期以降のものと区別し、前期式枯山水といわれる。

参拝アドバイス

浄土庭園のほか、本堂御本尊の薬師如来や、東日本大震災で被災した陸前高田市の、松の流木で造られた地蔵にも注目してください。毎年1月20日の「二十日夜祭」は常行堂の摩多羅神のお祭りで、無形文化財「延年の舞」が奉納されます。

古都ひらいずみガイドの会のみなさん

[TEL] 0191-46-2331
[所在地] 岩手県西磐井郡平泉町大沢58
[アクセス] JR平泉駅から徒歩10分
[時間] 8:30～17:00(11月5日～4月4日は～16:30)
[休] 無休　[料金] 500円
[URL] www.motsuji.or.jp

注目の行事 5月1～5日 **春の藤原まつり** 毛越寺や中尊寺などでさまざまなイベントが行なわれる。3日目の源義経公東下り行列は圧巻。

平泉文化を代表する世界遺産

中尊寺《ちゅうそんじ》

毛越寺と同じく慈覚大師円仁によって開かれ、奥州藤原氏の初代清衡《きよひら》が多くの堂塔を造立。建物の内外に金箔を押し、螺鈿や漆などの装飾で荘厳な姿の金色堂が有名だ。

☎0191-46-2211　住岩手県西磐井郡平泉町平泉衣関202　交JR平泉駅から平泉町巡回バスで10分、中尊寺下車、徒歩10分

平等院を超える大規模寺院の跡

無量光院跡《むりょうこういんあと》

3代秀衡が京都の平等院を模し、規模はひとまわり大きく建立した寺院跡。現在は発掘調査をし、庭園整備を行なっている。

☎0191-46-4012(平泉文化遺産センター)　住岩手県西磐井郡平泉町平泉花立地内　交JR平泉駅から徒歩10分

毛越寺に隣接する庭園遺構

観自在王院跡《かんじざいおういんあと》

2代基衡の死後に妻が建立したといわれる寺院の跡地。浄土庭園の中心、舞鶴が池は復元された。現在は整備され、史跡公園として利用されている。

☎0191-46-4012(平泉文化遺産センター)　住岩手県西磐井郡平泉町平泉志羅山地内　交JR平泉駅から徒歩8分

モデルプラン

午前　まずはメインスポットの毛越寺へ

毛越寺では散策をゆっくり楽しんで、極楽浄土を再現した優美な庭園に浸る。同じく浄土庭園を持つ、隣接した観自在王院跡も見学。

午後　奥州藤原氏ゆかりの名所を巡る

バスで移動しながら、柳之御所遺跡、無量光院跡、中尊寺へ。黄金文化の象徴・金色堂と3000点もの文化財を収蔵する讃衡蔵は必見。

Column!!

平泉で栄華を誇った奥州藤原氏

平安時代後期、東北地方のほぼ一帯を治めていた大豪族で、初代清衡、2代基衡、3代秀衡、4代泰衡《やすひら》を指す。周辺でとれた豊富な金は、平泉に金文化をもたらし、莫大な財力のもととなった。一時は平安京に次ぐ豊かさを誇ったともいわれる。しかし3代秀衡が源頼朝に追われた源義経をかくまったことで、頼朝と対立。続く4代泰衡は圧力に屈し義経の首を差し出すも、出兵してきた頼朝によって滅ぼされることになった。

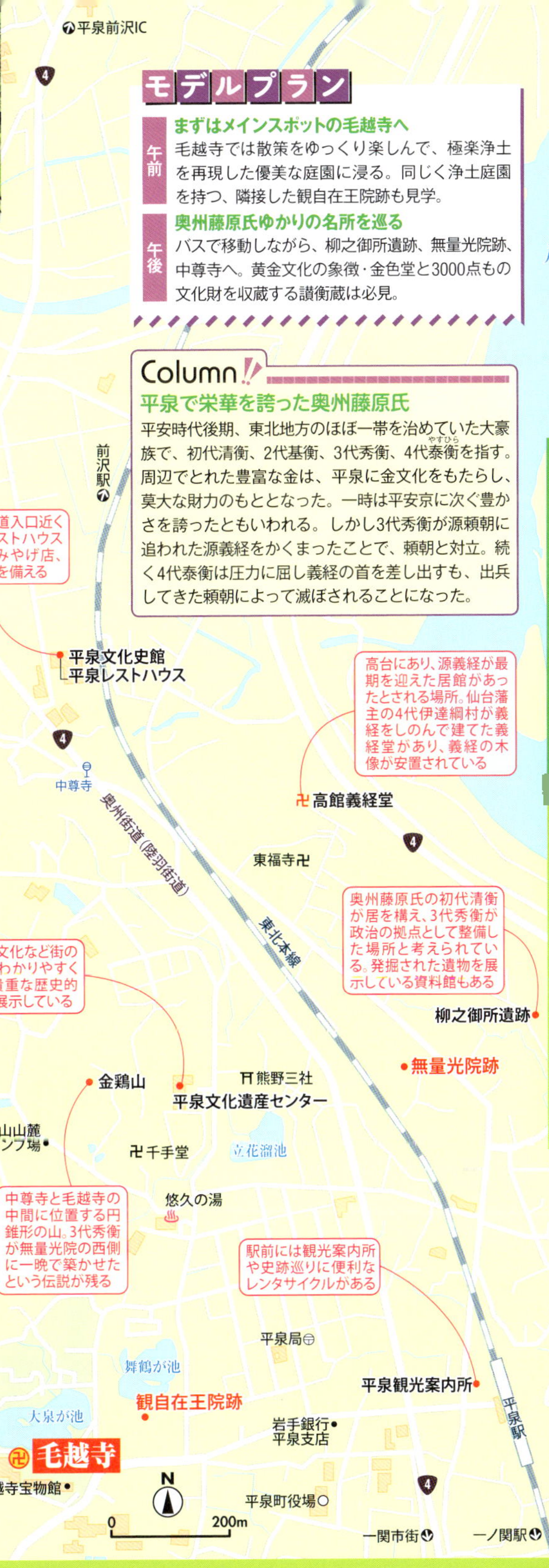
平泉前沢IC
4
北上川
大長寿院
真珠院
中尊寺
讃衡蔵
金色堂
願成就院
瑠璃光院
前沢駅
中尊寺の表参道入口近くにある平泉レストハウスは、食事処やみやげ店、平泉文化史館を備える
平泉文化史館
平泉レストハウス
中尊寺
奥州街道(陸羽街道)
東北本線
高台にあり、源義経が最期を迎えた居館があったとされる場所。仙台藩主の4代伊達綱村が義経をしのんで建てた義経堂があり、義経の木像が安置されている
高館義経堂
東福寺
奥州藤原氏の初代清衡が居を構え、3代秀衡が政治の拠点として整備した場所と考えられている。発掘された遺物を展示している資料館もある
柳之御所遺跡
無量光院跡
歴史や文化など街の魅力をわかりやすく解説。貴重な歴史的資料も展示している
金鶏山
熊野三社
平泉文化遺産センター
金鶏山山麓キャンプ場
千手堂
立花溜池
悠久の湯
中尊寺と毛越寺の中間に位置する円錐形の山。3代秀衡が無量光院の西側に一晩で築かせたという伝説が残る
駅前には観光案内所や史跡巡りに便利なレンタサイクルがある
平泉局
舞鶴が池
平泉観光案内所
観自在王院跡
大泉が池
岩手銀行平泉支店
平泉駅
毛越寺
毛越寺宝物館
N
0
200m
平泉町役場
一関市街
一ノ関駅

お泊まり情報　平泉の宿泊施設は多くはないので、周辺の街の観光と組み合わせて、一関や仙台、盛岡などで宿を探すのもおすすめ。

自然の山々の美をも取り込む
名僧が造った最高傑作庭園

天龍寺

●てんりゅうじ

大堰川を隔てた嵐山や、庭園西の亀山の紅葉を背景に取り込み、水面に映すさまも美しい曹源池庭園

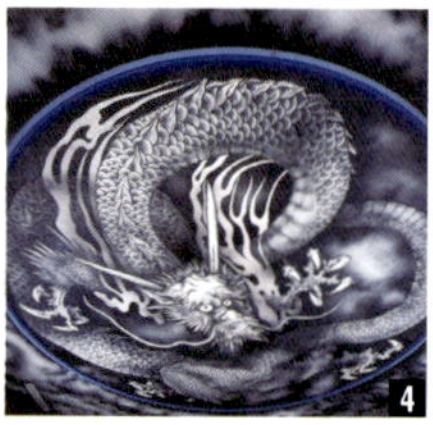

1 天龍寺最大の建物大方丈(右)と書院の小方丈(左)の裏は、曹源池を中心に巡る池泉回遊式庭園に面する
2 境内は桜の名所でもあり、とくに多宝殿前のしだれ桜が見もの
3 庫裏(くり)では、玄関を入ると平田精耕による達磨図が迎えてくれる
4 法堂天井に日本画家・加山又造が描いた、直径9mの迫力ある雲龍図

創建当時の面影を今に伝える日本初の史跡・特別名勝の壮大な庭園

1339(暦応2)年、将軍足利尊氏に禅僧夢窓疎石《むそうそせき》が後醍醐天皇の菩提を弔う寺院の建立をすすめ、創建された。建築資金を確保するため天龍寺船が元との貿易に派遣されるなど、国を挙げて造営されたが、度重なる火災や戦火に見舞われて伽藍の焼失と復興を繰り返した。しかし夢窓疎石が作庭したと伝わる曹源池《そうげんち》庭園は失われることなく当時の面影をとどめ、国の史跡・特別名勝指定の第一号となり、世界遺産にも登録されている。曹源池の造形と龍門瀑《りゅうもんばく》、嵐山や亀山の借景がつくる、人為と自然の融合した壮大な景観を観賞したい。

キーワード

▶**天龍寺船** 元寇以来途絶えていた元との貿易を再開するべく、夢窓疎石と副将軍足利直義が相談し派遣。莫大な利益を得た。

▶**借景** 亀山や嵐山を望む曹源池庭園のように、庭園外の景色を庭園の景観の一部に背景として取り入れて演出する手法。

宗派 臨済宗天龍寺派

御本尊 釈迦如来

参拝ポイント Check!!

庭園の中央にある龍門瀑を眺めてみよう

方丈から見て池中央には鯉の滝上り「登龍門」伝承を題材に2枚の巨岩を滝とし、鯉に見立てた「鯉魚石(りぎょせき)」を置いた滝石組みが。

参拝アドバイス

やはり世界遺産である曹源池庭園が見どころです。天龍寺は京都市内の西端に位置し、東から昇る朝日を一番最初に受けるので、朝にいらしてみてください。とくに11月中は「早朝参拝」といって7時半に開門する日が多く、朝の静かな庭を眺めることができます。そのほかにも、法堂の雲龍図や、京都市内が一望できる多宝殿西側の「望京の丘」などもおすすめですよ。また、庭園内の龍門亭では「篩月」の精進料理が召し上がれます。

大本山 天龍寺
法務部長 小川 湫生さん

[TEL]075-881-1235 [所在地]京都府京都市右京区嵯峨天龍寺芒ノ馬場町68 [アクセス]嵐電・嵐山駅からすぐ [時間]8:30〜17:30(10月21日〜3月20日は〜17:00) 法堂「雲龍図」は土・日曜、祝日と春・秋の特別参拝期間に公開 [休]無休 [料金]庭園500円(諸堂参拝の場合は別途100円)、法堂「雲龍図」500円、 [URL]www.tenryuji.com

注目の行事 11月 **早朝参拝** 紅葉の時季は午前7時30分から参拝が可能。混雑を避けて、庭園の紅葉の絶景をゆっくり楽しむことができる。

モデルプラン

午前　天龍寺を訪れるのは早めの時間帯がおすすめ

庭園に日がよく当たり、午後ほど混雑しない午前中に天龍寺拝観。竹林の道を通って大河内山荘庭園を観光したら、嵐山商店街へ移動。

午後　午後は見どころたっぷりの嵯峨野巡りへ

食べ歩きと買物を楽しんだら、嵯峨野を散策。旧嵯峨御所 大本山大覚寺を観光後、小倉山麓の化野念仏寺、二尊院、常寂光寺と見てまわろう。

日本最古の林泉式庭園

旧嵯峨御所 大本山大覚寺《きゅうさがごしょ だいほんざんだいかくじ》

1200年以上前に嵯峨天皇の離宮として建立。境内の大沢池には蓮、池畔には桜やカエデが自生し、日本三大名月観賞地でもある。

☎075-871-0071 住京都府京都市右京区嵯峨大沢町4 交市バス・大覚寺下車すぐ

旧嵯峨御所
大本山大覚寺
大沢池
大覚寺
覚勝寺
広沢池
北嵯峨高
化野念仏寺
化野(あだしの)に葬られた無縁仏の墓がある。約8000体の石仏・石塔群は圧巻
鳥居本
竹林とカエデに囲まれた草庵で、『平家物語』にも登場。悲恋の尼寺として有名に
愛宕神社の門前集落だった嵯峨鳥居本には、茅葺きの家屋が並ぶ里の風景が残る
祇王寺
釈迦の若き日の姿を彫ったという釈迦如来像が安置され、嵯峨釈迦堂と呼ばれる
清涼寺
宝筐院
愛宕神社
宝受寺
嵯峨小
本尊に釈迦と阿弥陀の2体の如来を祀る珍しい寺。広い参道は紅葉で赤く染まる
二尊院
落柿舎
松尾芭蕉の弟子、向井去来が過ごした草庵。柿の実がすべて落ちた逸話が残る
丸太町通
常寂光寺
亀岡駅
嵯峨嵐山駅
山陰本線
京都駅
京都嵐山オルゴール博物館
トロッコ嵯峨駅
法然寺
野宮神社
嵯峨野観光線
トロッコ亀岡駅
トロッコ嵐山駅
竹林の道
大河内山荘庭園
時代劇のスター大河内伝次郎の元別荘。回遊式庭園を鑑賞したり、茶室で休憩を
天龍寺
嵐山公園
妙智院
良縁、子宝、学問のご利益がある野宮神社。『源氏物語』にも登場する古社だ
鹿王院駅
車折神社駅
嵐電嵯峨駅
嵐電嵐山本線
帷子ノ辻駅
嵐山駅
臨川寺
曇華院
渡月橋から続く通りの商店街は、人力車が行き交いそぞろ歩きを楽しむ人も多い
徳林寺
N
0
200m
渡月橋
嵐山公園
桂川
嵐山東公園
嵐山駅
阪急嵐山線
桂駅

Column!!

冬の風物詩「嵐山花灯路」

12月中旬、嵐山の各通りや渡月橋、竹林の道が夜間ライトアップされる。灯りといけばな作品で日本情緒豊かに彩られた通りは、もっと歩いてみたくなる。

紅葉の名所に建つ

常寂光寺《じょうじゃっこうじ》

小倉山の中腹に建つ日蓮宗の寺で、境内からは嵯峨野を一望。常寂光土(最高の浄土)のような風情があるとして名付けられた。高さ12mの多宝塔も必見。

☎075-861-0435
住京都府京都市右京区嵯峨小倉山小倉町3
交嵐電・嵐山駅から徒歩20分

竹に囲まれた風情ある道

竹林の道《ちくりんのみち》

天龍寺北門から大河内山荘近くまでの約100mの散歩道。青々とした竹と風にそよぐ葉の音、差し込む光が美しい。

交嵐電・嵐山駅から徒歩8分

京を代表する風景のひとつ、嵐山のシンボル

渡月橋《とげつきょう》

桂川(大堰川)に架かる全長155mの橋。亀山上皇が月夜の舟遊びで「くまなき月の渡るに似る(満月が橋を渡っているようだ)」と詠んだのが名の由来。

交嵐電・嵐山駅から徒歩5分

お泊まり情報　嵐山温泉の旅館で、京の情緒あふれるステイを。京都駅近辺まで移動してホテルを選ぶのもいい。

庭一面に敷きつめられた
見渡す限り広がる緑の絨毯

西芳寺(苔寺)

●さいほうじ(こけでら)

古くから天下一の名庭と称され 金閣寺や銀閣寺の見本にもなった寺

奈良時代、聖徳太子の別荘だった場所を、行基が「西方寺《さいほうじ》」として開山し、その後、作庭家として名高い夢窓疎石が再建したと伝えられる。室町時代に起こった応仁の乱で多くの建物は焼失し、荒廃と再興を繰り返した。別名「苔寺」ともいわれるように、約3万㎡もある庭園は見事で、約120種の苔が一面を覆う光景は美しい。秋には紅葉した木々とのコントラストが、雨の多い季節にはいっそう深い緑が印象的だ。庭園は枯山水と黄金池《おうごんち》を中心とした回遊式の池泉式庭園の上下2段構えで、その周りに3つの茶室がある。

宗派 臨済宗

御本尊 阿弥陀如来

キーワード

▶**夢窓疎石《むそうそせき》** 夢窓国師ともいわれる南北朝時代の臨済宗の僧で、禅庭の創始者。天龍寺(➡P.188)など多くの作庭に携わった。

▶**池泉式庭園《ちせんしきていえん》** 水をおもな要素として自然の山水を表現した庭園。舟遊式、回遊式、鑑賞式などに分類される。

参拝ポイント Check!!

拝観の際には宗教行事への参加が必須

受付を済ませたのち、本堂で写経を行なってから庭園の見学ができる。住職による説法や般若心経の唱和もあり、40分ほど時間はかかるが、写経は途中で終了することもできる。

[TEL]075-391-3631
[所在地]京都府京都市西京区松尾神ヶ谷町56
[アクセス]京都バス・苔寺・すず虫寺下車すぐ
[時間][休]申込制(往復ハガキに希望日、人数、代表者の住所、氏名を記入して郵送。拝観希望日の1週間前までに必着)
[料金]3000円(祈祷料含む)

2

3

1 池泉回遊式庭園の中央には「心」という字をかたどった黄金池があり、3つの中島と数個の岩島がある。中島は橋でつながれ渡れるようになっている
2 岩倉具視が隠棲したこともある茶室・湘南亭は、重要文化財に指定
3 作庭当時はなかった苔。場所により苔の種類が異なり、雰囲気もさまざま

立ち寄りスポット

松尾大社《まつのおたいしゃ》

701(大宝元)年建立の京都最古の社。酒造の神様として知られ、亀の井と呼ばれる泉がある。松尾造の本殿は重要文化財。

075-871-5016 住 京都府京都市西京区嵐山宮町3 住 阪急・松尾大社駅からすぐ

モデルプラン

午前 **西芳寺周辺に点在する寺社を巡る**
松尾大社を見学したあと、予約時間に合わせて西芳寺へ。写経体験と美しい苔の世界を堪能する。近くにある鈴虫寺や地蔵院にも立ち寄ろう。

午後 **グルメも観光も、嵐山散策を存分に楽しむ**
嵐山へ移動して昼食。名店の味を満喫したら、天龍寺や竹林の道、渡月橋など観光スポットをまわろう。トロッコや川下りに挑戦するのもいい。

石庭の不思議を解く鍵は見る人の心の中にだけある

龍安寺

●りょうあんじ

諸説が飛び交うほどに素晴らしさが際立つ謎の枯山水庭園

衣笠山《きぬがさやま》の麓にある禅寺。1450(宝徳2)年、細川勝元が創建したが応仁の乱で焼失。息子の政元により再建したときに石庭が造営されたと伝わる。石庭は方丈(本堂)の南にある方丈庭園。エリザベス女王が讃嘆したことでも世界的に有名な石庭だが、作庭者を含め、わかっている事実はほとんどなく、謎に満ちた庭園だ。わずかに知られていることのひとつは見事な遠近法が使われていること。方丈の東南角から眺めると、排水のためとされるが庭の傾き、築地塀の高さ、石の配置にも庭を大きく感じさせる計算がされている。

宗派 臨済宗妙心寺派
御本尊 釈迦如来

キーワード

▶**枯山水** 禅宗の寺院で用いられた庭園の様式で、池や川など、実際の水を使わずに白砂と石で海や川などを表現した。

▶**龍安寺垣** 龍安寺のあちこちに施されている背の低い垣根で、割り竹が斜めに組まれ、菱形の模様を作っている。

参拝ポイント Check!!

石庭に置かれた15の石を見つけよう

1カ所ではなくいろいろな角度から15個の石を探そう。どこから眺めてもすべての石を同時に見ることはできないといわれている。

[TEL]075-463-2216
[所在地]京都府京都市右京区龍安寺御陵ノ下町13
[アクセス]市バス・竜安寺前下車すぐ／嵐電・龍安寺駅から徒歩8分 [時間]8:00～17:00 12～2月8:30～16:30
[休]無休 [料金]500円
[URL]www.ryoanji.jp

1 枯山水の庭園、石庭。白砂と石だけで雄大な山水を表現。作庭者も意図もすべてが未知。今では世界的に有名になった **2** 寺の南側にある広大な回遊式庭園、鏡容池。四季折々の花で彩られる **3** 中央のくりぬかれた部分を口という部首に見立てれば「吾唯足知」と読める、知足のつくばい

立ち寄りスポット

等持院《とうじいん》

室町時代に足利尊氏が夢窓疎石を開山として創建。尊氏の死後は足利家の墓所となった。東西2つに分かれた庭園が見事。

☎075-461-5786 住 京都府京都市北区等持院北町63 住 嵐電・等持院駅から徒歩7分

モデルプラン

午前 **石庭の石や白砂を眺め、宇宙を感じる**
仁和寺から出発。桜の季節なら絶好だが、新緑や紅葉も存分に楽しめる。きぬかけの路を通って龍安寺へ。石庭で思いにふけるのもいい。

午後 **静寂の庭から北野天満宮や上七軒の雑踏へ**
龍安寺境内の西源院で湯豆腐や精進料理の食事を。午後は等持院を経て平野神社、北野天満宮へまわってみる。上七軒や西陣の街並も散策。

お泊まり情報 きぬかけの路の周辺は宿泊の定番エリアではないが、ゲストハウスなどが点在。嵐電で行ける嵐山に泊まってもいい。

遠近法を用いた枯山水庭園を持つ
格式高い禅宗の名刹

南禅寺

●なんぜんじ

紅葉の名所としても知られる禅寺
落ち着いた趣の塔頭庭園も美しい

京都東山の山裾に大伽藍を構える南禅寺は、1291(正応4)年に亀山法皇が無関普門《むかんふもん》を迎えて開いた禅刹。室町時代には禅寺最高の「五山の上」とされ、三門や方丈など見どころも多い。大方丈の庭園は江戸初期に住職の以心崇伝が作事奉行の小堀遠州に依頼した枯山水の名庭で、広い白砂と東奥に作られた石組みが東西に細長い庭の遠近感を強調している。塔頭・金地院の「鶴亀の庭」も小堀遠州の作庭で、白砂で表現した大海の奥に迫力ある石組みや刈り込みが映える。池泉回遊式庭園が見事な天授庵や南禅院などの塔頭も訪れたい。

宗派 臨済宗南禅寺派

御本尊 釈迦牟尼仏

キーワード

▶**以心崇伝《いしんすうでん》** 金地院を建立した僧。徳川幕府の政務も担当した。

▶**小堀遠州** 利休、織部に続く江戸初期の茶人で「綺麗さび」を発展させた。作庭家でもあり、御所や二条城を手がけた。

参拝ポイント Check!!

国宝指定の方丈は襖絵に注目

枯山水庭園が美しい方丈には、狩野派による襖絵が多数ある。小方丈「虎の間」の40面の襖絵は狩野探幽筆と伝わっており、『水呑みの虎』などいきいきとした虎の姿を鑑賞したい。

[所在地]京都府京都市左京区南禅寺福地町　[休]無休

南禅寺　[TEL]075-771-0365　[アクセス]地下鉄・蹴上駅から徒歩10分　[時間]8:40〜16:40(12〜2月は〜16:10)　[料金]境内自由、方丈庭園500円　[URL]www.nanzen.net

金地院　[TEL]075-771-3511　[アクセス]地下鉄・蹴上駅から徒歩5分　[時間]8:30〜17:00(12〜2月は〜16:30)　[料金]400円(特別拝観は別途700円、要予約)

注目の行事 11月中旬〜下旬 **紅葉ライトアップ** 南禅寺の塔頭・天授庵では毎年紅葉の季節に枯山水庭園と池泉回遊式庭園がライトアップされる。

1 国の名勝にも指定された南禅寺の方丈庭園は東奥に置かれた6つの石が、川を渡る虎の親子に見えることより「虎の子渡しの庭」とも呼ばれる
2 南禅寺塔頭の金地院の鶴亀の庭は白砂の奥に三尊石組みを配した蓬莱式
3 歌舞伎『楼門五三桐』にて石川五右衛門が「絶景かな」と見得を切る三門

立ち寄りスポット

無鄰菴《むりんあん》

明治政府で軍人・政治家として活躍した山縣有朋の別荘。小川治兵衛作庭の広々とした池泉回遊式庭園が見どころだ。

075-771-3909　住 京都府京都市左京区南禅寺草川町31　交 地下鉄・蹴上駅から徒歩7分

モデルプラン

午前　南禅寺を拝観して、昼は名物の湯豆腐料理

朝の人が少ないうちに南禅寺へ。堂々と建つ三門や法堂を通り過ぎると方丈。昼は敷地内の老舗湯豆腐店で食事をとるのがおすすめ。

午後　塔頭を見学してから哲学の道へ

南禅院、天授庵、金地院と3つの塔頭庭園を鑑賞後、哲学の道を散策。近隣の寺社にも立ち寄りながら、桜や紅葉、新緑など季節の趣を感じたい。

お泊まり情報　周辺は大型ホテルから町家の一棟貸しまで種類・数ともに充実。南禅寺境内にある宿坊の南禅会館も便利。

Topic

爽やかな香りと風にそよぐ葉の音に心が落ち着く

竹林を眺めたいお寺

竹林にある茶席で静かなひとときを過ごす

報国寺《ほうこくじ》

鎌倉の中心部から少し離れた静かな場所に位置する。1334(建武元)年に足利尊氏の祖父の家時が創建した禅寺で、足利氏と上杉氏の菩提寺として栄えた。開山した天岸慧広《てんがんえこう》が修行した休耕庵という塔頭の跡に生えた孟宗《もうそう》竹《ちく》が、現在本堂の裏手にある竹庭となった。竹林の中の小道は散策にぴったりで、喫茶スペースでは抹茶とお菓子を味わいながら、竹庭を眺めることができる。

宗派 臨済宗建長寺派
御本尊 釈迦牟尼佛

[TEL]0467-22-0762
[所在地]神奈川県鎌倉市浄明寺2-7-4
[アクセス]JR鎌倉駅から京急バスで12分、浄明寺下車、徒歩3分 [時間]9:00〜16:00
[休]12月29日〜1月3日 [料金]200円
[URL]www.houkokuji.or.jp

本堂には近くに住んでいた川端康成が使用した文机が残されている

本堂の裏にある枯山水の中庭。洗練された美しさが感じられる

境内の奥にある竹庭の散策路は、石畳が敷かれ、手入れが行き届いている。脇には石仏や石塔がひっそりとたたずんでいる

空に向かってまっすぐ伸びた竹が両脇に整然と並ぶ小道が、
訪れる人々を静かに迎えてくれる。緑に映える四季折々の草や花にも
目を留めながら、すがすがしい空気のなかをのんびり歩いてみたい。

山門をくぐると、両脇の竹林が青々と茂る参道に入る。静寂のなかで聞こえてくる笹の葉のこすれる音が心地よい

美しい竹の緑と季節の彩りに癒される

地蔵院《じぞういん》

南北朝時代に建立され、近くに生家があった一休禅師が幼少時代に修養した寺院。細川氏の庇護のもと所領を拡大したが、応仁の乱の兵火により焼失。その後、江戸時代に寺観が整えられた。参道や境内を囲む竹林の美しさから竹の寺とも呼ばれ、竹と色づいたカエデの葉が織りなす鮮やかな秋の風景も見事。本堂の北には16個の自然石が配された枯山水庭園・十六羅漢の庭がある。

宗派 臨済宗
御本尊 地蔵菩薩

[TEL]075-381-3417　[所在地]京都府京都市西京区山田北ノ町23　[アクセス]京都バス・苔寺・すず虫寺下車、徒歩3分／阪急・上桂駅から徒歩12分
[時間]9:00～16:30(最終入山は～16:15)
[休]無休　[料金]500円
[URL]takenotera-jizoin.jp

本堂には本尊とする延命安産の地蔵菩薩が安置されている

十六羅漢の庭を眺めながら、抹茶と竹の形をしたお菓子が味わえる

Topic

海が見える境内に立ち、古来より変わらぬ景色に出会う

海を眺めたいお寺

瀬戸内海を一望、風光明媚な尾道のお寺

千光寺《せんこうじ》

806(大同元)年に弘法大師空海が創建したとされている。境内中央には、“先端の玉が光り、辺り一帯を照らした”と伝わる玉の岩があり、この伝説が寺名の由来ともいわれている。朱色に塗られた舞台造りの本堂は赤堂とも呼ばれる。本堂内からは、尾道水道を一望でき、朱色の舞台と青い海のコントラストは見事。千光寺山一帯の公園は夜景や桜が美しいことでも有名だ。

宗派 真言宗

御本尊 千手観音菩薩

[TEL]0848-23-2310
[所在地]広島県尾道市東土堂町15-1
[アクセス]千光寺山ロープウェイ・山頂駅から徒歩10分
[時間][休][料金]境内自由
[URL]www.senkouji.jp

「さくらの名所100選」や「日本の夜景100選」にも選ばれた千光寺公園

ロープウェイに乗り、千光寺公園頂上まで空中散歩を楽しめる

鮮やかな朱色の本堂。「火伏せ観音」と称される本尊が祀られている。背後のくさり山に登るとさらに一段高いところから街を見下ろせる

全国には、海を眺めるお寺がいくつもある。そのなかでも、
美しい景観から多くの人々の心をとらえてきた2つのお寺を紹介する。
海と山、いつの時代も変わらない大自然の力を感じながら巡りたい。

海を見渡すように建つ五重塔。春には桜やシャクナゲ、秋にはもみじ、四季折々の木々と眼下に広がる海が織りなす景色はなんとも美しい

日本三景、天橋立を眼下に望む

成相寺《なりあいじ》

704(慶雲元)年、文武天皇の勅願によって真応上人が建立。本尊は身代わり観音として知られ、願い事が成り合う(かなう)寺と伝わる。境内には、多くの伝承が残る撞かずの鐘や一願一言地蔵、雪舟が国宝・天橋立図で描いた五重塔など見どころも多い。寺は鼓ヶ岳《つつみがたけ》の中腹に位置し、境内の展望台からは天橋立を一望できる。また、花の名所としても親しまれている。

宗派 橋立真言宗
御本尊 聖観世音菩薩

[TEL]0772-27-0018 [所在地]京都府宮津市成相寺339
[アクセス]京都丹後鉄道・天橋立駅近くの桟橋から天橋立観光船で12分、一の宮桟橋で下船し、徒歩3分の府中駅からリフト・ケーブルカーで4分、傘松駅で成相登山バスに乗り換え7分、成相寺下車、徒歩10分／天橋立駅からタクシーで25分 [時間]8:00〜16:30 [休]無休
[料金]500円 [URL]www.nariaiji.jp

日本三景のひとつである天橋立や宮津の街並まで見渡す絶景

本堂は鎮守堂、鐘楼とともに京都府指定文化財に登録されている

にっぽんの祭

日本の四季の風物·祭り。
神社や寺院の聖なる祭典だが、
氏子などの市民によって
その営みは支えられてきた。
各地の著名な祭りを紹介しよう。

京都の夏は祇園祭一色

祇園祭《ぎおんまつり》

その昔、祇園社と呼ばれていた八坂神社の祭りで7月の1カ間にわたり行なわれる。ハイライトは山鉾と呼ばれる華やかな山車の巡行。

[開催日]7月1～31日
[開催地]京都府京都市
[司宰]八坂神社

将軍も御上覧の「天下祭」

神田祭《かんだまつり》

日本三大祭り、江戸三大祭りに数えられる神田神社の大祭。神田、日本橋、大手町、秋葉原に神輿の担ぎ手たちの威勢のいい声が響く。

[開催日]2年に1回、5月中旬
[開催地]東京都千代田区
[司宰]神田神社（神田明神）➡P.101

神輿の総数、約100基

三社祭《さんじゃまつり》

浅草寺（➡P.72）の御本尊・観音様を最初にお祀りした3人を御祭神とする浅草神社のお祭り。お神輿が街を行くさまは勇壮そのもの。

[開催日]5月中旬
[開催地]東京都台東区
[司宰]浅草神社

豊作を願い神の結婚を祝う

火振り神事《ひふりしんじ》

農業の神様、国龍神の婚礼を祝う儀式。吉松宮から姫神様をお迎えしたのち、人々が松明を振って姫神様の神輿を照らす。

[開催日]3月下旬
[開催地]熊本県阿蘇市
[司宰]阿蘇神社

富士山の山じまいを告げる

吉田の火祭り《よしだのひまつり》

付近に夏の終わりを知らせる風物で、神様が浅間神社から諏訪神社へとお帰りになるお祭り。日本三奇祭、日本十大火祭りのひとつ。

[開催日]8月26・27日
[開催地]山梨県富士吉田市
[司宰]北口本宮冨士浅間神社、諏訪神社

作物の出来や吉凶を占う

鳥羽の火祭り《とばのひまつり》

すずみと呼ばれる高さ5mにも及ぶ大きな松明によじ登るように飛び込み、火の中から神木や十二縄を取り出して神前に供える。

[開催日]2月第2日曜
[開催地]愛知県西尾市
[司宰]鳥羽神明社

国の重要無形民族文化財

那智の扇祭り《なちのおうぎまつり》

熊野神社の総本社、熊野那智大社の神様が飛瀧神社に里帰りされるお祭り。お神輿を大松明で出迎えることから火祭りとも呼ばれる。

[開催日]7月14日

[開催地]和歌山県東牟婁郡那智勝浦町　[司宰]熊野那智大社

無数の松明が夜空を照らす

鞍馬の火祭《くらまのひまつり》

戦乱や天災が頻発した平安時代、由岐明神を御所から鞍馬に遷宮したのが始まり。松明が火の粉を散らしながら山門前に集っていく。

[開催日]10月22日

[開催地]京都府京都市

[司宰]由岐神社

4t超のだんじりが疾走

岸和田だんじり祭《きしわだだんじりまつり》

元禄期に岸和田藩主が五穀豊穣を祈った稲荷祭を由来とする。だんじりを曳き猛スピードで辻を曲がる「やりまわし」が見どころだ。

[開催日]9月の「敬老の日」の直前の土・日曜　[開催地]大阪府岸和田市　[司宰]岸城神社、岸和田天満宮、弥栄神社

日本一大きな山車「でか山」

青柏祭《せいはくさい》

神饌を青柏の葉に盛って供える儀式が名の由来。高さ約12mにもなる山車(曳山)3台が、民家をかすめて通る様子は迫力満点だ。

[開催日]5月3～5日
[開催地]石川県七尾市
[司宰]大地主神社

2基の神輿が競う勇壮な祭り

糸魚川けんか祭り《いといがわけんかまつり》

押上区、寺町区の若者が各区の神輿を担ぎ、ぶつかりながら天津神社をまわって勝負する。勇ましい神輿のあとの舞の奉納も見どころ。

[開催日]4月10・11日(けんか神輿は4月10日に実施) [開催地]新潟県糸魚川市 [司宰]天津神社

約1万人が裸でもみ合う奇祭

はだか祭《はだかまつり》

正式には儺追(なおい)神事と呼ばれる祭り。素裸の神男に触れると厄が払われるとされ、ふんどし姿の男たちが神男めがけて殺到する。

[開催日]1月下旬～2月下旬(旧暦1月13日) [開催地]愛知県稲沢市 [司宰]尾張大國霊神社(国府宮)

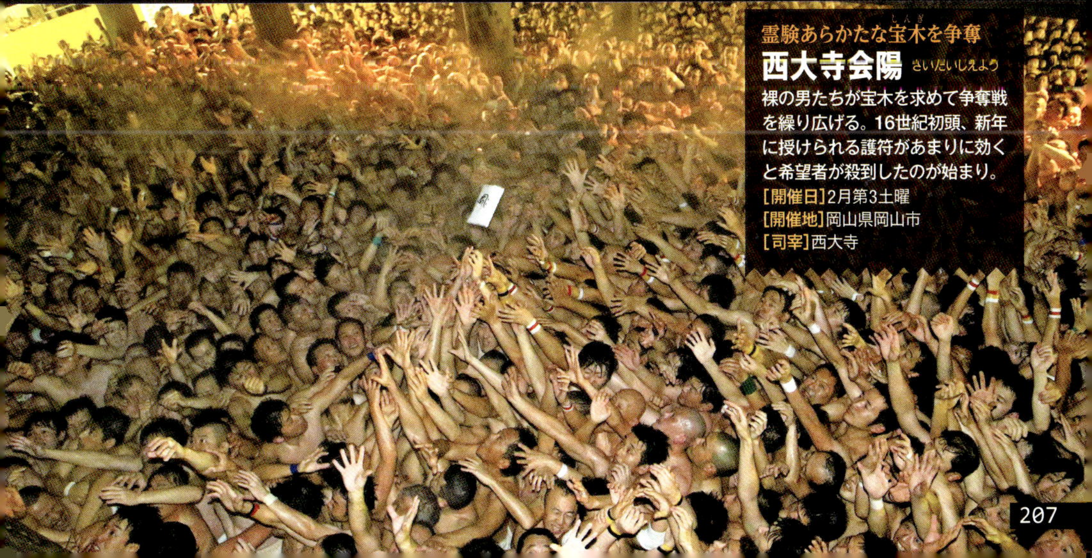

霊験あらかたな宝木《しんぎ》を争奪

西大寺会陽《さいだいじえよう》

裸の男たちが宝木を求めて争奪戦を繰り広げる。16世紀初頭、新年に授けられる護符があまりに効くと希望者が殺到したのが始まり。

[開催日]2月第3土曜
[開催地]岡山県岡山市
[司宰]西大寺

神輿、お能に花火と華やか

天神祭《てんじんまつり》

催太鼓、猿田彦を先頭に3000人が練り歩く陸渡御列、だんじり囃子のなか100隻が大川を行く船渡御と壮麗な時代絵巻がハイライト。

[開催日]7月24・25日
[開催地]大阪府大阪市
[司宰]大阪天満宮 ➡P.102

瀬戸の海が舞台の平安絵巻

管絃祭《かんげんさい》

都で行なわれていた「管絃の遊び」を平清盛が神事として嚴島神社に移したのが始まり。船上で管絃を奏しながら摂社を巡り還御する。

[開催日]7月中旬～8月上旬（旧暦6月17日）　[開催地]広島県廿日市市　[司宰]嚴島神社 ➡P.34

御座船の供は100隻の漁船

塩竈みなと祭《しおがまみなとまつり》

鹽竈神社、志波彦神社のお神輿を乗せた御座船が松島湾を巡行。鳳凰、龍をかたどった船が100隻もの漁船を従え、景勝地を行く。

[開催日]7月第3月曜（「海の日」）
[開催地]宮城県塩竈市
[司宰]鹽竈神社、志波彦神社

松明を持つなまはげが登場

なまはげ柴灯まつり《なまはげせどまつり》

鬼の面を着けた山の神様の使い、なまはげが踊りや太鼓を披露する。なまはげが配る護摩餅をいただけば、災難を除けられると伝わる。

[開催日]2月第2金・土・日曜
[開催地]秋田県男鹿市
[司宰]真山神社

悪霊払いに牛鬼が大暴れ

和霊大祭・うわじま牛鬼まつり《われいたいさい・うわじまうしおにまつり》

木材や竹の骨組みにシュロや布を掛け、鬼の面を着けた体長6m、高さ5mもの大きさの牛鬼が街を練り歩き、悪霊を追い払う。

[開催日]7月22～24日
[開催地]愛媛県宇和島市
[司宰]和霊神社（和霊大祭）

なじみは深いけれど、意外と知らない2つの宗教のこと

神社とお寺の違い

神社

起源

7世紀頃

山や木、岩などの自然物に神が宿るとする神社信仰の思想は、日本の風土や生活のなかで自然に生まれたと考えられている。初期の信仰では、山中の磐座《いわくら》(自然石)などへ祭祀のたびに祭壇を設けた。やがて祭壇が常設化し、7世紀頃には仏教の影響も受けて社殿が造られ、神社の基礎が生まれたといわれている。

三輪山を御神体とする奈良・大神神社

拝む対象

御神体《ごしんたい》

日本には八百万《やおよろず》の神がいるといわれるだけに、崇拝する神(祭神)はじつにさまざま。山などの自然に宿る神、『古事記』や『日本書紀』に登場する神、そして菅原道真のような歴史上の偉人も神として祀られる。それら目に見えない神々の代わりに祀られるのが御神体。神の宿るものとされ、原始の時代には自然を直接拝んでいたが、神社が造られるようになると、鏡や剣、玉などの人工物を御神体として本殿に祀るようになった。奈良県の大神神社《おおみわじんじゃ》では三輪山を御神体として祀っているため、今も本殿は築かれていない。

聖典

なし

神社信仰は日本の伝統的な民俗信仰から生まれたため開祖は存在せず、教義をまとめた特定の聖典も存在しない。日本神話の『古事記』や『日本書紀』、さまざまな土地の伝承をまとめた『風土記』には、日本の成り立ちから始まる神々の系譜や物語が記されている。そのため、それらの書物が神道の規範とされることが多い。教義ではないが、神道教学の方針をまとめ、神職らが日常の規範とするものに「敬神生活の綱領」がある。

お寺

起源

6〜7世紀

仏教が伝来して間もなくの6〜7世紀頃、蘇我氏の一族が仏像を納めるため、最初の寺院を建てたとされている。奈良時代に仏教が広まると各地に寺院が建造され、僧が常駐して経典を読む場となる。平安時代には修行場としての山岳寺院が多く建てられ、鎌倉時代以降は信徒を集めて説法する場となっていく。

聖徳太子が創建した奈良・法隆寺

拝む対象

御本尊《ごほんぞん》

偶像としての仏像を拝み、寺院で最も重要な仏像を御本尊という。仏像は初期には開祖の釈迦像のみだったが、のちに多様な仏像が造られた。仏様には仏格(位)があり、最高位が如来で、釈迦などすでに悟りを開いた仏様。2位以降は、悟りを求めて修行中の菩薩、如来の命で悪を屈服させる明王、天界の神で仏法を保護する天部の順。宗派によって御本尊を特定しているものがある一方、特定していないものもある。寺の起源に由来する仏様を御本尊としている場合も多い。

聖典

大蔵経《だいぞうきょう》

聖書のように、全仏教徒共通の1冊の聖典は存在しない。釈迦の教えが後進たちにより多様に解釈され、無数の経典が生まれている。それら膨大な経典を総称して大蔵経あるいは一切経《いっさいきょう》という。大蔵経を内容別に分類すると、釈迦の説法をまとめた「経」、教団の規則である「律」、経と律の解説書の「論」に分けられ、それらは三蔵と呼ばれる。日本では大乗仏教が中国語に訳された漢訳大蔵経が基盤。「法華経《ほけきょう》」や「大日経」など、各宗派によって拠り所となる経典は異なるが、「般若心経《はんにゃしんぎょう》」は多宗派で唱えられている。

「初詣は神社、お墓参りはお寺」ということも当たり前だが、神道と仏教は異なる宗教。
さまざまな要素が複雑にからみ合い、日本の文化のなかに両方が根付いてきた。
それぞれにその起源も、信仰の形も異なる、神社とお寺の違いをおさらいしよう。

聖職者

神職《しんしょく》

神職は神々と人間とを仲介する橋渡しの役。一般にいう神主のことで、神社の運営や参拝者への祈祷、祭祀の執り行ないなどをする。神社の代表者が宮司《ぐうじ》で、その次の位が禰宜《ねぎ》。神社によってはその間に権宮司《ごんぐうじ》という位がある。それ以外は権禰宜《ごんねぎ》といい、掃除やデスクワークも行なう。神職になるには、大学の神道専攻科を卒業し、研修を経て神社本庁が発行する「階位」を取得するのが一般的だ。各地の神職養成所や講習会・実習などでも学ぶことができる。巫女《みこ》は神職に含まれないため資格を取得する必要はない。

僧侶《そうりょ》

出家して仏門に入った人のことを僧侶という。人々を仏の道に教え導くのが務めだ。僧侶には多くの階級(僧階)があり、一般に最高位を大僧正《だいそうじょう》という。僧侶になるには、まず師匠となる僧侶(師僧)を見つけ、仏門に入る許可を得る「得度《とくど》」を受け、修行や勉学、鍛錬を行なって認められた者だけが僧侶となれる。宗派により僧侶になる方法や修行の厳しさは異なる。仏教系大学で学び、寺で修行の実践を積む人が多い。住職とはお寺の代表者のこと。寺院を管理運営し、信徒に対して冠婚葬祭や供養、説法などを行なう。

寺社の数

8万5013

文化庁の2014(平成26)年発表の統計によると、全国の神社の数は8万5013社。都道府県別で一番神社が多いのは新潟県の4749社で、2~5位は兵庫、福岡、愛知、岐阜の順。神社の系統別で最も多いのは、お稲荷さんの名前で親しまれる稲荷神社で、全国に約3万社あり、商売繁盛や家内安全など、幅広い御利益で知られている。勝負運の神様の八幡神社、伊勢神宮を総本社とする神明社、菅原道真を祀る天満社も全国的に数が多い神社だ。

出典:文化庁編『宗教年鑑 平成26年版』

7万7350

文化庁の2014(平成26)年発表の統計では、7万7350カ寺ある。都道府県別では愛知県の4579カ寺が一番多く、次いで大阪、兵庫、滋賀、京都の順。宗派は157を数える。平安時代に天台宗と真言宗が生まれ、武家社会となった鎌倉時代には庶民の間で仏教が広まり、浄土宗・浄土真宗・日蓮宗が次々に誕生した。現在の寺院数では、浄土宗・浄土真宗などの浄土宗系が最も多く、臨済宗・曹洞宗などの禅宗系、真言宗系、日蓮宗系、天台宗系も多くを占める。

出典:文化庁編『宗教年鑑 平成26年版』

参拝の作法

①鳥居の前で一礼する

鳥居は神社の玄関口であり、神域への入口。訪問者のマナーとして一礼しよう。

▼

②中央を避けて参道を進む

参道の中央は神様の通り道。どちらかの片側に寄って歩くようにしよう。

▼

③手水舎で心身を清める

柄杓《ひしゃく》の水で左手、右手を洗う。左手に水を受けて口をすすぎ、柄を清めて戻す。

▼

④賽銭を入れ鈴を鳴らす

軽く一礼し賽銭を入れ、鈴を鳴らす。鈴は邪気を祓い、神様を呼ぶためとされる。

▼

⑤二礼、二拍手、一礼する

深く2度のお辞儀をし、胸の前で2回手を打ち、願い事をしたら1度お辞儀する。

①山門で一礼する

仏様の家である寺院の前であいさつの一礼を。山門下の敷居は踏まずにまたぐ。

▼

②手水舎で心身を清める

柄杓《ひしゃく》で左手、右手を洗い、左手に受けた水で口をすすぐ。柄杓の柄を清めて戻す。

▼

③常香炉で心身を清める

常香炉がある場合は線香を1本供え、煙を体に浴びて心身を清めてから本堂へ。

▼

④賽銭を入れ合掌する

静かに賽銭を入れ、鈴があったら静かにならし、手を叩かずに合わせて祈願。

▼

⑤一礼する

合掌したまま深く一礼する。最後にもう一度お辞儀をしてから立ち去る。

知っておけば参拝が何倍も楽しくなるトリビア

神社とお寺のQ&A

神社

なぜ森に囲まれている？

樹木の茂る森は神の宿る地で、神様が降臨するとされる。そのため、境内に広がる森は神域であり、樹木は無駄に伐採されることなく大切に保護され、神事や社殿の建造などに利用される。鎮守《ちんじゅ》の森とは、各地域を守る神社(鎮守社)にある森のこと。鎮守の森を大切にし、神様に喜んでもらうことで、そこに住む人々の幸せや五穀豊穣を願っている。

兵庫・生田神社の「生田の森」

神様を数える単位は？

神様は一柱《ひとはしら》、二柱《ふたはしら》、三柱《みはしら》というように柱で数える。なぜ柱で数えるかははっきりしていない。樹木は古くから神が宿る神聖なものとされ、神社にある高木が御神木としてあがめられてきた。そのため、神を樹木に見立てて柱と数えたのではないかという説がある。家を支える大黒柱にも神様が宿ると信じられてきた。伊勢神宮正殿の床下には、建築上は必要とされない心御柱《しんのみはしら》と呼ばれる柱が奉られており、その目的は謎に包まれている。

注連縄《しめなわ》を張る理由は？

神域と俗界との結界に張られ、注連縄の内側は神聖な場所を示す。社殿に見られる一般的な注連縄は、稲わらを編んで紙垂《しで》と呼ばれる和紙の飾りを下げている。デザインや大きさは神社により異なり、出雲大社神楽殿には重さ4.4tの日本最大級の巨大な注連縄がある。社殿だけでなく、御神木や岩などに張られた注連縄も見られる。

出雲大社・神楽殿の注連縄

お寺

寺と院の違いは？

京都・金閣寺や東京・浅草寺、京都・三千院、鎌倉・明月院のように、寺と院のつくお寺があるが、格式などの違いはない。寺も院も中国から伝わった言葉だ。漢代に仏教が伝来した際、インドから来た僧侶を「寺」と呼ばれる役所に住まわせたため、仏教施設を寺と呼ぶようになった。院は塀などで囲まれた立派な建物の意味。寺に属する立派な堂舎を院と呼ぶため、塔頭寺院の名に院がつけられた。中心寺院に院がつく場合は、明月院のように塔頭寺院が中心寺院となった、あるいは三千院のように皇族・貴族ゆかりの門跡寺院の場合が多い。

山号寺号って何？

寺院名の正式名称には「○○山△△寺」というように山号と寺号がセットになっている。東京の金龍山浅草寺のように、平地に建つ寺にも山号がつく。山号とはもともと中国で、修行のためお寺を山中に建てたことに起因する。日本では密教が盛んになった平安時代初期に多くの山岳寺院が建ち、山名を冠した山号がつけられるようになった。比叡山延暦寺や高野山金剛峯寺がその例だ。平安時代以降は、平地に建つ寺院にも山号がつけるられるようになり、今もその慣習が残る。平安時代より以前に創建した唐招提寺や法隆寺には山号はない。

五重塔はなぜ建てられた？

古代インドで仏舎利(仏様の遺骸)を安置したストゥーパ(卒塔婆)が起源とされている。中国に伝来した際に楼閣形式の塔が造られ、日本でも独自の木造五重塔が建てられた。奈良の飛鳥寺や法隆寺の五重塔では、修復時に仏舎利器が見つかっている。一般に五重塔には、仏像など仏舎利に代わるものを安置しているが、ほとんどの場合、内部は非公開だ。

奈良・室生寺の五重塔

神社やお寺の境内には、シンボルとなるような飾りや建物などが多いことに気づくはず。
それぞれにきちんとした意味があるので、知っておけばお参りがもっと楽しくなる。
神道と仏教が一体化していた歴史を知ることも、神社やお寺を読み解くヒントになる。

どうして狛犬がある？

狛犬は魔物を追い払うため、参道に一対で鎮座している。向かって右が口を開いた阿《あ》形《ぎょう》、左が口を結んだ吽形《うんぎょう》。右が獅子で、左が狛犬という説もある。想像上の生き物なので、姿は神社によってさまざま。狛犬ではなく神社の御祭神に仕える動物(眷属《けんぞく》)の場合もあり、京都の伏見稲荷大社ではキツネ、大阪・住吉大社ではウサギの像が鎮座する。

東京・皆中稲荷神社の狛犬

夏と秋に祭りが多い理由は？

夏祭りの起源は諸説あるが、お盆に帰ってくる先祖の霊を鎮める、夏の疫病や台風などの厄災による死者を鎮魂する、農作業による疲れを癒すためなどといわれている。京都の祇園祭は、平安時代の疫病封じがきっかけだ。秋は、主食の米をはじめとする農作物の収穫期。収穫の感謝を込めて神様に舞などを奉納するお祭りが各地で行なわれる。

京都・祇園祭の山鉾巡行

天井に龍が多い理由は？

禅宗寺院の法堂に龍の天井画が多い。龍は仏法を守護する神将のひとつとされ、雲を呼んで雨を降らす龍神とされてきた。そのため、僧侶が人々に仏の教えを説く場である法堂に法(仏の教え)の雨を降らせる、あるいは、火災の起きやすい木造建築の火除けの意味もあるという。京都にある妙心寺や天龍寺、大徳寺などの天井画が有名だ。

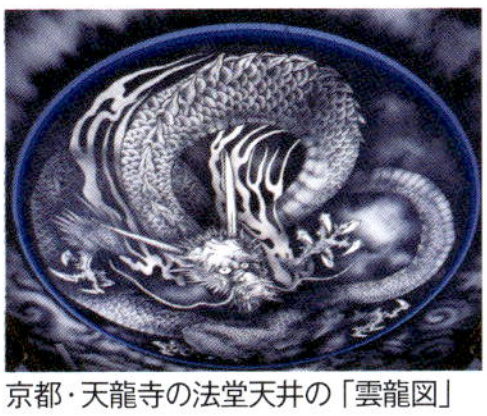
京都・天龍寺の法堂天井の「雲龍図」

どうしてお墓がある？

一般庶民の墓がお寺に作られたのは、江戸時代に生まれた檀家制度が大きく影響している。幕府はキリシタン根絶のため、すべての町民にどこかの寺院に所属する檀家制度を義務づけた。寺で戸籍のような台帳が作られ、死者が出ると報告がされた。寺はお布施を受ける代わりに葬祭供養一切を任され、境内に墓地が作られるのが一般化した。

寺院所有の墓地が、近代以降公営墓地となったところも(写真は東京・谷中)

神仏習合、神仏分離って？

6世紀に仏教が伝来したとき、日本にはすでに神の信仰が根付いていた。仏教を広めようとする人々は、神の信仰と仏教を融合させることにより、仏教の浸透を図ろうとした。それが神仏習合の考えだ。神の信仰側も外来の技術や知識を吸収でき、神の信仰が柔軟だったこともあり、両者の共存と一体化が進んだ。神社の境内に神宮寺を建立し、寺には神が祀られた。平安時代には、「日本の神々は民衆救済のために仏様が姿を変えて現れたもの」とする本地垂《ほんじすい》迹《じゃく》説も飛び出し、神仏習合の状態が明治維新まで1000年以上も続く。

幕末維新期に明治新政府は、神道を国教とする国家神道の方針を打ち出す。神道(神社)の独立性を図るため、1868(慶応4)年には、神と仏を明確に分ける神仏分離令を発布。神社の境内からは、寺の社殿や仏像、仏具、行事など一切の仏教色が排除された。仏教を排斥する廃仏毀釈《はいぶつきしゃく》運動が興り、寺院の建物や仏像への破壊行動が各地で見られた。寺院の統廃合や廃仏毀釈の波は、明治初期に終息を迎える。今日、七五三は神社で、葬儀は仏式、婚礼はキリスト教式などと、宗教を問わない慣習の根底に神仏習合の長い歴史がある。

出羽三山神社(羽黒山)の五重塔。修験道の聖地には、今も神仏習合の面影が濃いところが多い

パターンを覚えれば、どの寺社へ行っても構造が見えてくる

神社とお寺の建物の役割

神社のおもな建物

入口に鳥居が立ち、参道の先に拝殿、その背後の最奥部に本殿が建つのが一般的な配置。神楽殿の建つ神社もある。多くの神社が鎮守の森に囲まれている。

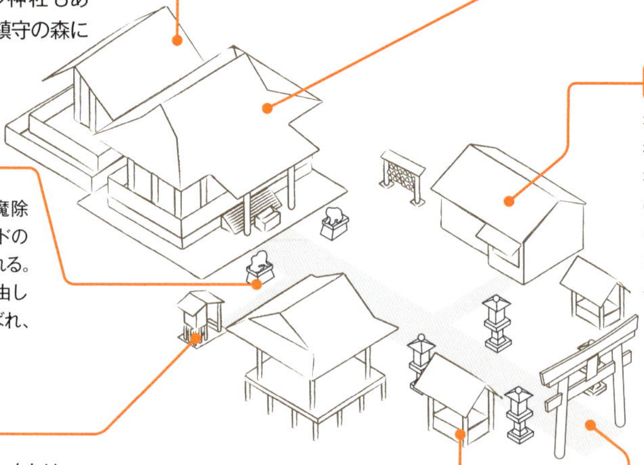

本殿《ほんでん》

祭神が宿るとされる、神社で最も神聖な中心的建物。御垣や塀に囲まれて、神様の依代である御神体を祀る。山や滝などの自然が御神体の神社では、本殿を設けない場合もある。

拝殿《はいでん》

本殿前にあり、祭儀や拝礼を行なう場所。一般参拝者は、拝殿前から本殿に向かって拝礼する。祭儀を行なう幣殿を別に設ける神社や、拝殿の建物がない古社もある。

社務所《しゃむしょ》

神職が事務管理を行なうところ。祈祷の受付やお守りの授与所、御朱印を受ける納経所（御朱印所）を兼ねる神社も。

狛犬《こまいぬ》

参道に一対で立つ魔除け。エジプトやインドのライオンがもととされる。朝鮮半島の高麗を経由したため高麗犬と呼ばれ、現在の名に。

摂社《せっしゃ》

境内にある小さな社。もとは、主祭神とゆかりの深い社を摂社、それ以外を末社と区別したが、今ははっきりとは区別しなくなった。

手水舎《てみずや/ちょうずや》

参拝前に体を清めるために設けられた水屋。置かれた柄杓で、手や口を清めるのが一般的。

鳥居《とりい》

神社の入口にあり、俗界と神域の境にあたる。鳥居をくぐればそこは神様の住まう神聖な場所だ。鳥居の先に参道が続く。

神社の建築様式

大別すると、穀物倉庫から発展した神明造と、古代の家屋が原型の大社造がある。どちらも寄棟造りで、屋根の上にY字型の千木《ちぎ》、数本横たわる鰹木《かつおぎ》がある。ここから派生して流造《ながれづくり》や春日造《かすがづくり》、権現造《ごんげんづくり》など多くの神社建築が生まれた。

神明造《しんめいづくり》

弥生時代の高床式の穀物倉庫が原型とされる。屋根の斜面側に入口がある「平入」が最大の特徴。白木造りで屋根は直線的、正面は横長の場合が多い。伊勢神宮が代表的な建築。

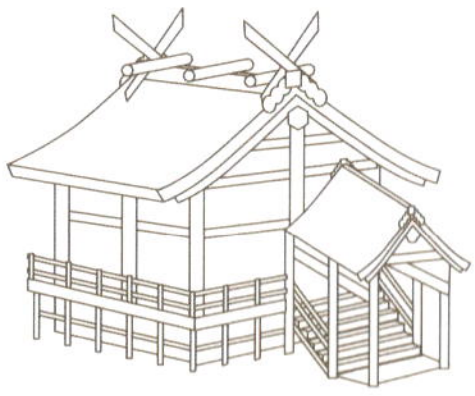

大社造《たいしゃづくり》

古代の宮殿が原型とされる。屋根の面がない破風側に入口がある「妻入」が特徴。中央に柱があるため入口は片側に寄せられ、白木造り、檜皮葺きの屋根を持つ。出雲大社が代表建築。

大きな神社には、どこも共通する建物やシンボルがあり、それぞれに役割を持っている。一方、お寺の場合は時代や宗派ごとに建物の名称や配置が異なるが、基本構造は類似。建物の役割と配置を理解することで、その思想背景を考察することができて興味深い。

お寺のおもな建物

大規模な寺院では、金堂、塔、講堂、鐘楼、経堂蔵、僧坊、食堂の七堂伽藍が基本的な建物。僧坊と食堂は僧侶たちの居住と食事のための生活空間になっている。

経蔵《きょうぞう》

経典を大切に保管する。寺院の図書館のような建物。お経のほか、お経の解説が書かれた注釈書なども納められている。

講堂《こうどう》

僧侶がお経を学び、議論を行なう場。一度に多くの僧侶が学べるように、本堂よりも大規模な建物が多い。禅宗系寺院では法堂《はっとう》といい、とくに重要な建物としている。

鐘楼《しょうろう》

梵鐘を吊り下げる建物。時の鐘は、寺で暮らす僧侶の時報の役を担う。古くは太鼓を鳴らす鼓楼もあった。

塔《とう》

釈迦の遺骨(仏舎利)を納めたインドのストゥーパが起源。仏舎利や仏像などを安置するが、内部は一般に非公開。寺の象徴的存在。

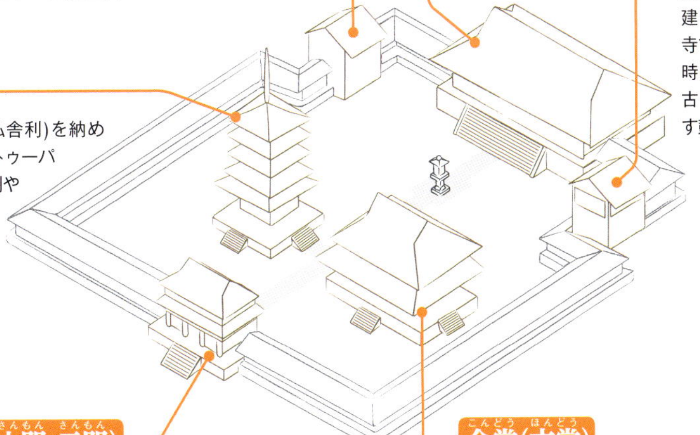

中門《ちゅうもん》(山門《さんもん》、三門《さんもん》)

寺院中枢部の入口にある門。平安時代以降に山岳寺院が増えてから山門とも呼ばれ、禅宗寺院では三門ともいう。境内入口に大門がある寺も。

金堂《こんどう》(本堂《ほんどう》)

本尊を祀る寺院の中心的な建物で、法会や礼拝が行なわれる。本尊は金堂内の須弥壇《しゅみだん》の上に祀られる。平安時代以降は本堂と呼ばれ、禅宗では仏殿、天台宗では根本中堂と呼ぶ。

お寺の伽藍《がらん》配置

飛鳥・奈良時代の仏教初期には、仏塔や金堂などが左右対称に整然と配置された。平安時代に密教系寺院が山内に寺院を建ててから不規則な配置となり、浄土系寺院が独自の配置を生んだ。今日では多様な伽藍配置が見られる。

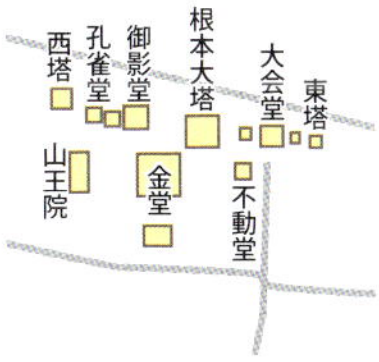

密教系

山岳地帯に建つため、伽藍を地形に合わせて不規則に配置。高野山金剛峯寺には、金堂と根本大塔を中心に多くの堂塔が点在する。

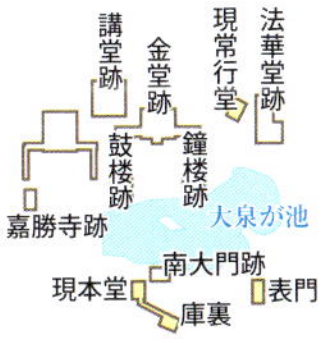

浄土系

境内全体を極楽浄土に見立て、中央に金堂を置き、周辺に池を配して美しい庭園を設けている。岩手・毛越寺、宇治・平等院など。

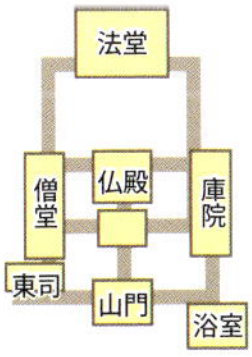

禅宗系

古来の左右対称の配置が残る。禅宗では生活全般が修行のため、浴室や東司(トイレ)を七堂伽藍に含む。福井・永平寺など。

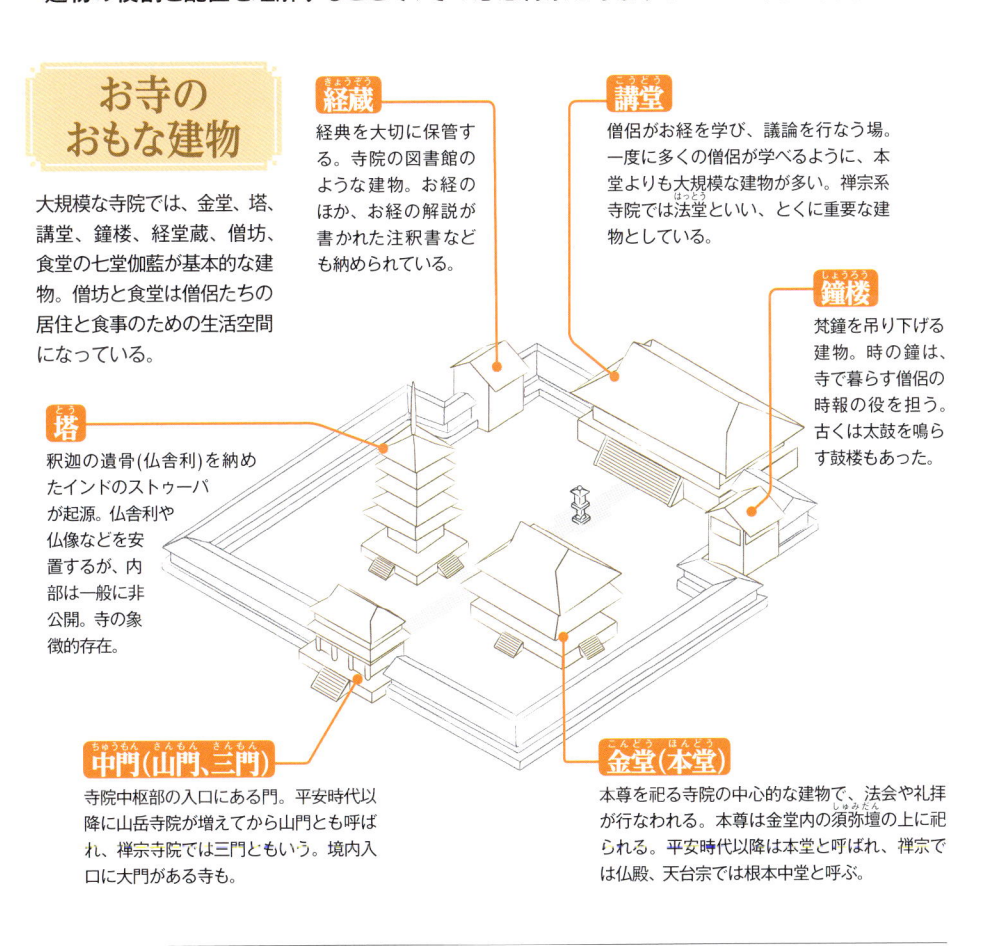

ひとくちに神社、お寺といっても、グループはこんなにあります

神社のおもな系列とお寺のおもな宗派

神社のおもな系列

古くから崇敬を集める神社の分霊が勧請され、同じ御祭神を祀る神社が各地に建てられた。稲荷、八幡、天神、伊勢が全体の多くを占める。

数が多い稲荷神社の総本宮・伏見稲荷大社

諏訪《すわ》

長野県諏訪湖畔に建つ諏訪大社の祭神・諏訪明神は、風と水を司る五穀豊穣や生活の守り神。諏訪神社が全国に幅広く勧請されている。足利氏や武田信玄など武家にも信仰が篤い武神としても知られる。

総本社 諏訪大社

稲荷《いなり》

お稲荷さんの名で親しまれる御祭神は、稲や食物を司る五穀豊穣の神。商売繁盛のほか、家内安全や芸能上達など幅広い御利益でも知られ、全国に多くの分社がある。狐は御祭神の使いだ。

総本宮 伏見稲荷大社➡P.52・100・106

伊勢《いせ》

国の守り神で皇室の祖先神とされる天照大御神を祀る伊勢神宮。御祭神を勧請した神明社(神明宮)が、鎌倉時代から各地に創建。江戸時代にはお伊勢参りが流行し、関東・東海地方に数多く建てられた。

総本社 伊勢神宮➡P.64

祇園《ぎおん》

平安時代に京の都で疫病が頻発し、それを封じる疫病神・素戔嗚尊を祀る八坂神社が創建された。のちに疫病流行の多い都市部を中心に、同系列の弥栄神社、祇園神社、素戔嗚神社などが建てられた。

総本社 八坂神社

八幡《はちまん》

最初に神仏習合がなされた神とされ、応神天皇を八幡神として祀る。奈良時代に仏教保護や護国の神とあがめられ、各地の寺の鎮守に。源氏の氏神となってから武家を守る軍神、勝負神として広まった。

総本宮 宇佐神宮➡P.100

出雲《いずも》

国土開拓神であり、農業神、医薬神とされる大国主命を御祭神とする信仰。仏教の守護神である大黒天と習合され、七福神のひとつとされた。中世以降は福徳や縁結び、子授けの神としても崇敬される。

総本社 出雲大社➡P.90

春日《かすが》

全国の春日神社の総本社である春日大社は、鹿島神宮や香取神宮から神々を奈良に迎えたのが始まり。平城京の守護神とされた。藤原家の隆盛とともに発展。各地で春日講が組織されて全国に広まった。

総本社 春日大社➡P.89

天神《てんじん》

菅原道真公(天神)を祀る。道真は優秀な学者で政治家だったが大宰府に左遷され、失意のまま没する。その墓所に太宰府天満宮が建てられた。学問の神様として知られ、各地に天満宮・天神社が建つ。

総本社 太宰府天満宮➡P.30・102・107/北野天満宮➡P.31・63・102

熊野《くまの》

熊野本宮大社、熊野速玉大社、熊野那智大社の熊野三山を中心とする信仰。院政時代に白河上皇の庇護を受けて発展。神聖な熊野の地が延命長寿祈願や浄土信仰を生み、熊野神社が各地に勧請された。

総本宮 熊野本宮大社/熊野速玉大社/熊野那智大社

白山《はくさん》

福井、石川、岐阜の3県にまたがる霊峰・白山が信仰対象。奈良～平安期に山岳信仰の修験場となり3県の各登山口に馬場ができた。そのひとつ、加賀馬場(石川県)が白山比咩神社の前身とされる。

総本宮 白山比咩神社➡P.140

違う場所で同じ名前の神社を見たことがある人も多いだろうが、その場合全国のどこかに総本社があるはずで、同じ御祭神を祀っている。お寺は重視する経典やその解釈により、いくつもの宗派に分かれていった歴史があり、考え方や実践の方法がさまざまに異なる。

お寺のおもな宗派

中国伝来の宗派から最澄・空海の密教が登場し、やがて民衆救済の実践的な宗派が誕生。

多くの高僧を輩出した天台宗・比叡山 延暦寺

時宗《じしゅう》

1274年に一遍が開宗。信仰の内容を問わず阿弥陀仏の名を唱えれば往生すると説く。僧侶らは諸国を遊行。踊念仏で民衆に広まった。

総本山 遊行寺

法相宗《ほっそうしゅう》

「すべての事象は人の意識が生み出す」とする唐の玄奘の唯識論から生まれ、玄奘の弟子・道昭が7世紀中頃に法興寺で開宗した。

大本山 興福寺➡P.88・178／薬師寺

真言宗《しんごんしゅう》

空海が唐で学んだ密教をもとに、816年に開宗。人間が奥底に秘めた仏心を肉身のまま呼び起こし悟りを開くこと（即身成仏）をめざす。

総本山 高野山 金剛峯寺➡P.166など

日蓮宗《にちれんしゅう》

1253年に日蓮が開いた宗派。法華経を唯一の法と定め、「南無妙法蓮華経」の題目を唱えれば、すべての者が成仏できると説いた。

総本山 久遠寺➡P.17

華厳宗《けごんしゅう》

「すべての事物は密接に関係し合う」とする華厳経をもとにした中国伝来思想。8世紀前半に伝わり良弁が東大寺を根本道場とした。

大本山 東大寺➡P.84

融通念仏宗《ゆうずうねんぶつしゅう》

良忍が1117年から各地に広めた浄土教の一宗派。自他の唱える念仏の功徳が互いに融通（影響）し合い、浄土へ往生できると説く。

総本山 大念佛寺

臨済宗《りんざいしゅう》

唐の臨済を開祖とし1191年に栄西が日本に伝えた。師の問題に応え続ける禅問答と坐禅で自己を高め悟りにいたる。一休禅師が有名。

大本山 建仁寺など

律宗《りっしゅう》

仏教徒の守るべき規範（律）の実践・研究を重視。鑑真が8世紀中頃に伝え、唐招提寺を開創。戒律を学ぶための修行道場とした。

総本山 唐招提寺

浄土宗《じょうどしゅう》

平安末期の1175年に法然が開宗。人々を救済する阿弥陀仏を信仰し、念仏を唱えることで誰もが極楽浄土へ往生できると説く。

総本山 知恩院

曹洞宗《そうとうしゅう》

1227年に道元が唐から日本に伝えた。臨済宗とともに禅宗の二大宗派。坐禅を行なうことで心身が安らぎ、仏心を得ると説く。

大本山 永平寺／總持寺

天台宗《てんだいしゅう》

最澄が9世紀初頭に比叡山で開宗。平等の教えを説き、「念仏、密教、禅、戒律」の仏教の主要素が確立。のちの日本仏教の源となった。

総本山 比叡山 延暦寺➡P.167

浄土真宗《じょうどしんしゅう》

法然の弟子の親鸞が1224年に開いた。阿弥陀仏の人々を救済する絶対的な力により、信心するだけで極楽往生できると説いている。

本山 西本願寺／東本願寺など

黄檗宗《おうばくしゅう》

禅宗の一派で、明から渡来した中国臨済宗の隠元が17世紀中頃に開いた。坐禅と念仏の実践が特徴で、徳川家康の帰依を受け発展。

大本山 萬福寺

生活に根付いた慣習から、聖職者たちによるおごそかな儀式まで

神道と仏教の年中行事

神社

睦月

1月 初詣

大晦日から元旦に氏神の社に籠る年籠りや恵方にある神社に参詣する恵方参が初詣の起源とされる。

1月7日 人日《じんじつ》の節句

五節句のひとつ。この日に春の七草を入れた七草粥を食べると、その年に病気にかからないといわれる。祭事を行なう神社も多い。

如月

2月3日 節分

邪気が生じるとされる季節の変わり目の日に、豆をまいて鬼(厄)を追い払い、福を迎え入れる。中国から伝わった行事で、室町時代から今のような形になった。

2月17日 祈年祭《きねんさい》

稲作の前に、その年の稲の豊作(五穀豊穣)を願い、全国の神社で行なわれる。一年最初の農耕行事であるため、国家安泰も祈念される。

弥生

3月3日 上巳《じょうし》の節句(雛祭《ひなまつ》り)

五節句のひとつ。雛祭りの起源は、身の穢れを託した人形《ひとがた》(人の形の紙)を水辺に流し、身を清める「流し雛」。江戸時代に豪華な雛人形が登場し、家に飾られるようになった。

皐月

5月5日 端午《たんご》の節句

中国では5月5日に、香りの強い菖蒲やよもぎで邪気を祓う慣習があった。それが日本に伝わり、家の軒によもぎを吊るし、菖蒲湯に入るようになった。中世以降は、菖蒲と「勝負」、武道を重んじる意の「尚武」が同音なことから、男児の成長を願う日になる。武者人形や鯉のぼりを飾るのは江戸時代以降。

水無月

6月30日 夏越《なごし》の祓《はらえ》

半年間の穢れを祓い、残り半年間の無病息災を願う行事。各地の神社では、紙の人形を水辺に流す、あるいは、茅を束ねた輪をくぐる「茅の輪くぐり」を行なう。

1月 ＞ 2月 ＞ 3月 ＞ 4月 ＞ 5月 ＞ 6月 ＞

お寺

睦月

1月 初詣

起源は神社と同じ。一般に、松の内(7日)までの参詣を初詣とする。寺社をまわり、七福神巡りをする風習も。

1月1～3日 修正会《しゅしょうえ》、大般若会《だいはんにゃえ》

年の初めに国家の安寧や五穀豊穣、人々の平安を願って読経を行なうのが修正会。大般若会は、全600巻に及ぶ「大般若波羅蜜多経」の一部を僧侶たちが読誦する法会で、密教系や禅宗系寺院で多く行なわれる。

如月

2月3日 涅槃会《ねはんえ》

釈迦が入滅したとされる日に、追慕と報恩感謝のために行なう法会。釈迦の臨終の姿を描いた涅槃図を掲げ、入滅前の最後の教えとされる「遺教経」を読誦する。奈良時代に奈良・興福寺で行なわれた記録が最も古い。

弥生

3月 春分の日の前後3日 お彼岸

仏壇にぼた餅を供え、墓参に行き、先祖供養を行なう。彼岸とはサンスクリット語の「波羅蜜多」の漢訳で、悟りの境地の世界(極楽浄土)のこと。春分の日と秋分の日は太陽が真西に沈むことから、西方の彼岸に最も近づける日とされている。それに、祖先を祀る日本古来の風習が一体となり、故人に近づける日として墓参が行なわれるように。各寺では彼岸会の法要を行ない、参詣者を迎える。

卯月

4月8日 灌仏会《かんぶつえ》

釈迦の誕生日を祝う。花祭りまた降誕会など多様な呼び名がある。釈迦が生まれたルンビニの花園を模して花で飾られた御堂を設け、生まれ姿の誕生仏を安置し、甘茶をかける。甘茶は釈迦が産湯とした甘露の代わり。甘茶は参詣者に振る舞われる。

農耕文化と神道は古来から結び付いており、収穫に感謝する新嘗祭は重要な儀式。
節分や雛祭りなど、私たちの生活になじみ深い慣習も、神道に起源を持つものが多い。
お墓参りに行くお彼岸や、大晦日の夜に鳴る除夜鐘は、仏教の行事だ。

文月

7月7日 七夕《たなばた》の節句

中国伝来の乞巧奠《きこうでん》という星祭りに由来。平安時代に日本に伝わり、書道や裁縫の上達を願う宮中行事に。江戸時代に、短冊に願いを込め笹に飾る風習が生まれ、庶民に広がった。8月7日の地方もある。

長月

9月9日 重陽《ちょうよう》の節句

五節句のひとつ。奇数(陽)のなかで最大数である9が重なるので重陽という。古来の中国では菊が邪気を祓うとされ、この日に長寿を願って菊酒を飲んだ。平安時代に伝わり、宮中儀式となったのが始まり。現在は廃れたが、菊を供え、舞などを奉納する神社もある。

神無月

10月17日 神嘗祭《かんなめさい》

伊勢神宮の大祭。天皇がその年の新米を天照大御神に供え、収穫に感謝を捧げる。外宮、内宮に続き、摂末社でも行なう。

霜月

11月15日 七五三

子供の成長を祝い、男児は3歳と5歳、女児は3歳と7歳に神社に参詣する。3・5・7歳は子供の体長が変化しやすい節目の年齢とされる。

11月23日 新嘗祭《にいなめさい》

宮中で天皇がその年の新米を皇祖神の天照大御神に供え、みずからも食して収穫を感謝する。天照大御神が、地上に降臨する皇孫に稲穂を授けたという神話に由来。各地の神社も神事を行なう。

師走

12月31日 大祓《おおはらえ》

一年の締めくくりに、人々の罪や穢れを祓い清める古代からの神事で、宮中や各地の神社で行なわれている。参詣者が自分の年齢や名前を書いた人形を神社に持参し、水辺に流したり、焚き上げたりするなどの神事が行なわれる。

7月 8月 9月 10月 11月 12月

文月

7月10日 四万六千日《しまんろくせんにち》

観音菩薩を祀る寺院で行なう縁日。この日にお参りすれば、4万6000日お参りしたのと同じ功徳があるとされる。東京・浅草寺では、この縁日に合わせてほおずき市が開かれる。

文月、葉月

7月15日～8月15日頃 お盆

仏教用語では「盂蘭盆会《うらぼんえ》」といい、7月15日前後に供え物をして先祖供養を行なう。由来は「盂蘭盆経」に記された話。釈迦の弟子・目連が、死後に餓鬼界で苦しむ母を救うため、7月15日に僧侶を招いてご馳走したところ、母が救われたという。お盆の初日には迎え火を焚いて祖先の霊を迎え、精霊棚に花や果物などを供え、僧侶を招いて読経を上げてもらう。お盆の最終日には送り火を焚く、または精霊流しをして祖先を送る。農村などの地方では8月15日前後に行なうところが多い。

長月

9月 秋分の日の前後3日 お彼岸

由来や内容は春のお彼岸と同じ。お彼岸にお供えするぼた餅とおはぎは基本的には同じで、春の咲く牡丹、秋に咲く萩にちなんだ名前。小豆は邪気を祓う食べ物とされ、先祖に供え、食べるようにもなったという。

師走

12月8日 成道会《じょうどうえ》

釈迦が菩提樹の下で悟りを開いた日を記念して行なわれる法要。成道とは、悟りを完成するという意味。禅宗系寺院では、12月1～8日の7日間、不眠不休の坐禅行が行なわれる。

12月31日 除夜鐘《じょやのかね》

大晦日の晩に、人間の煩悩の数である108回の鐘を鳴らして邪気を祓う。鐘の音にその力があるとされ、鐘の聞こえる近隣の人にも清めを分け与えているという。

INDEX

⛩ 神社　卍 寺院　祭 祭り

Photo Credits

安田眞樹

©（公社）びわこビジターズビューロー：Cover,P.10［永源寺,白鬚神社,比叡山 延暦寺］,P.29［上］,P.126-127,P.167［比叡山 延暦寺］,P.217／©青梅市観光協会：P.6［塩船観音寺］,P.18-19［上］／©一般財団法人奈良県ビジターズビューロー：P.11［長谷寺］,P.27［上］／©石川県観光連盟：P.6［青柏祭,那谷寺］,P.27［下］,P.142［1,2,3］,P.143［手取峡谷］,P.206［下］／©広島県：P.9［千光寺,嚴島神社,管絃祭］,P.34-35,P.36,P.37,P.39,P.200,P.208［中］／©神宮司庁：P.64-65,P.66［表参道］,P.69［子安神社］／©伊勢志摩観光コンベンション機構：P.66,P.67,P,68,P.69,P.70,P.71／©浅草寺：P.6,P.72-73,P.74,P.75,P.107／©TOKYO-SKYTREE：P.77／©静岡県観光協会：P.81［久能山東照宮］／©沖縄観光コンベンションビューロー：P.117［国際通り,斎場御嶽］／©和歌山県：P.11［高野山 金剛峯寺,神倉神社］,P.130［上］,P.131,P.166／©那智勝浦町観光協会：P.11［飛瀧神社］,P130［下］／©岐阜県白川村役場：P.143［白川郷合掌造り集落］／©小諸市観光協会：P.162,P.163／©長崎県観光連盟：P.8［崇福寺］,P.183［崇福寺］／©中尊寺：P.187／©天龍寺：P.11,P.188-189,P.190,P.213／©鎌倉市観光協会：P.6［報国寺］,P.198［下］／©（公財）東京観光財団：P.6［三社祭,神田祭］,P.203／©ふじよしだ観光振興サービス：P.6［吉田の火祭り］,P.204［左下］／©熊野那智大社：P.11［那智の扇祭り］,P.205［上］／©岡山県観光連盟：P.9［西大寺会陽］,P.207［下］／©（公財）大阪観光局：P.11［天神祭］,P.208［上］／©宮城県観光課：P.7［塩竈みなと祭］,P.208［下］

Flickr https://creativecommons.org/licenses/by/2.0/

t_kawaji2010：P.16／Brian Jeffery Beggerly：P.32［下］,P.87［盧舎那仏坐像］／doctorho：P.11［清水寺］,P.40-41／Norio NAKAYAMA：P.43［高下駄］,P.60［龍門滝］／othree：P.43［出世大黒天］／Reginald Pentinio：P.43［本堂・舞台］／Kentaro Ohno：P.43［音羽の滝］,P.60［陸舟の松］,P.60［下・金閣］／Richard, enjoy my life!：P.57［いなり寿司,きつねうどん］,P.76［江戸前天丼］,P.86,P.89［柿の葉寿司］,P.179［2,3］／Takuma Kimura：P.11［金閣寺］,P.58-59,P.62［左下］／Amy Jane Gustafson：P.60［安民沢］／allegro Takahi：P.60［銀河泉］／wayne3614801：P.61［夕佳亭］／ajari：P.61［鏡湖池］／Freedom II Andres：P.61［金閣（舎利殿）］／chien kuang liu：P.63［精進料理］／Banzai Hiroaki： P.71［伊勢うどん］／yoco**：P.76［もんじゃ］／Eiji Saito：P.81［陽明門］,P.196［1］／Mith Huang：P.11［東大寺］,P.84-85,P.171［法起寺］／pelican：P.11［興福寺］,P.88［興福寺］,P.178［1］／talblesalt：P.89［茶粥］／daiki_moriyama：P.89［奈良漬］／Nao Iizuka：P.130［中］／Jun K：P.134［2,3］／T.Kiya：P.176［1,4］／nekotank：P.176［上醍醐］／Hiroaki Kaneko：P.11［東寺］,P.180［1］／Zengame：P.181［2］／np&djjewell：P.180［弘法市］／kevinfu619：P.11［西芳寺］,P.192［1］／Tetsuji Sakakibara：P.193［3］／t-mizo：P.197［3］／Ludovic Lubeigt：P.198［中］

Wikipedia http://creativecommons.org/licenses/by-sa/4.0/
http://creativecommons.org/licenses/by-sa/3.0/

Dokudami：P.165［2］／Yanajin33：P.193［2］

写真協力

愛染堂勝鬘院／姶良市商工観光課／青島神社／秋田県観光連盟／朝来市役所／安倍文殊院／天橋立観光協会／石鎚神社／伊豆山神社／出雲大社／出雲観光協会／市谷亀岡八幡宮／稲沢市観光協会／今宮戎神社／宇佐神宮／宇陀市商工観光課／海の京都観光推進協議会／江島神社／愛媛県／大洗観光協会／大阪天満宮／大神神社／雄山神社／香川県観光協会／笠間稲荷神社／川越氷川神社／川崎大師（平間寺）／岸和田市観光振興協会／貴船神社／京都水族館／熊本県観光課／氣多大社／小牧市観光協会／西条市観光物産課／猿田彦神社／地蔵院／首里城公園／白山比咩神社／新城市観光協会／住吉大社／善通寺市商工観光課／大興善寺／高崎観光協会／高千穂神社／太宰府天満宮／出羽三山神社／天理市産業振興課／東京大神宮／東福寺／徳島県観光協会／鳥取県広報連絡協議会／富山県観光連盟／長門市観光コンベンション協会／波上宮／奈良国立博物館／新潟県観光協会／西尾市観光協会／日光市観光協会／箱根町観光課／氷川神社／飛行神社／日野町観光協会／日吉大社／平泉観光協会／富士サファリパーク／富士山本宮浅間大社／富士宮市観光協会／伏見稲荷大社／二見興玉神社／宝当神社／防府天満宮／法輪寺 電電宮／まかいの牧場／松戸市観光協会／松原神社／三重県観光連盟／三嶋大社／水田天満宮・恋木神社／三徳山三佛寺／身延町観光課／三室戸寺／みやざき観光コンベンション協会／宮崎市観光協会／宮島水族館 みやじマリン／むつ市観光協会／明治神宮／名勝大乗院庭園文化館／毛越寺／森町産業課／八重垣神社／山形県観光物産協会／山口県観光連盟／山寺観光協会／祐徳稲荷神社／由岐神社 ／吉野山観光協会

関係神社・寺院、関連都府県及び区市町村観光課・観光協会、掲載諸施設ほか

地球新発見の旅

にっぽん
神社とお寺の旅

Shrines and Temples with Scenic Views in Japan

2015年9月14日　初版第1刷発行
2017年3月10日　初版第2刷発行

編　者　　K&Bパブリッシャーズ編集部
発行者　　河村季里
発行所　　K&Bパブリッシャーズ

〒101-0054　東京都千代田区神田錦町2-7 戸田ビル3F
電話03-3294-2771　FAX 03-3294-2772
E-Mail info@kb-p.co.jp
URL http://www.kb-p.co.jp

印刷・製本　加藤文明社

ISBN978-4-902800-61-6　C0026

本書に収録した地図の作成に当たっては、国土地理院長の承認を得て、同院発行の20万分1地勢図、5万分1地形図、2万5千分1地形図及び1万分1地形図を使用しました。（承認番号　平27情使、　第324号）

K&B PUBLISHERS

特別付録の御朱印帳を使って
御朱印を集めてみよう

手書きの墨文字や朱色の印は、お寺や神社によって千差万別。
集めた御朱印を見比べて、和のアートとして眺めてみるのも楽しい。

御朱印の基本

御朱印ってどんなもの?

御朱印はもともと、写経を寺院へ納めた証として寺からいただくものだった。江戸時代以降、庶民のお寺参りがブームになると、参拝の証に御朱印を授与する寺院が増え、のちに神社でも行なうようになった。本尊や御神体、寺社の名が刻まれた御朱印は、仏様や神様の分身のような存在なので大事に扱いたい。なお、御朱印を受け付けていないところもある。

御朱印のいただき方

御朱印はあくまでも参拝をした証。いただく前に、まずは寺社のマナーに則り社殿やお堂へ参拝しよう。参拝が済んだら授与所(または納経所など)へ行き、書いてもらいたいページをわかるようにして御朱印帳を渡す。御朱印はひとつひとつ墨書きしていただくもの。おしゃべりなどせず静かに待とう。受け取ったらお礼を述べて御朱印代(300円程度)を渡す。

御朱印の見方

神社の御朱印

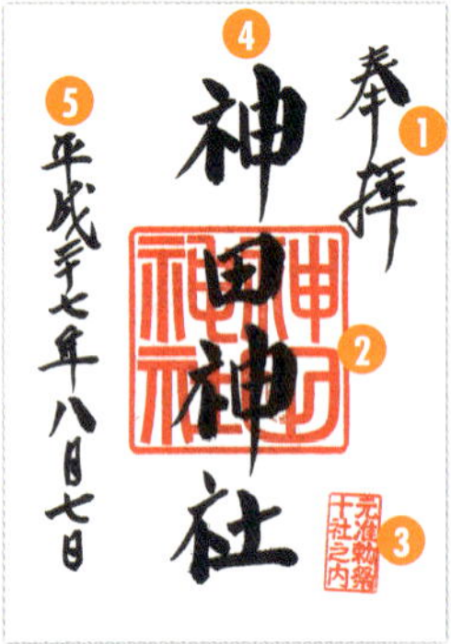

神田神社の御朱印

❶奉拝 「謹んで参拝する」という意味。参拝の記念として御朱印をいただいたということがわかる。
❷押印 神社名が刻まれた大きな朱印が中央に押される。篆書の角印など、比較的シンプルな印の場合が多い。
❸押印 神社の格や肩書を示す押印。准勅祭十社とは、明治天皇が幣帛(供物)を捧げ、東京の鎮護と人々の安泰を祈願した都内10の神社。何も押されない場合もある。
❹神社名 神社名が墨書きで中央に大きく記される。神社の通称名や御祭神の名が入ることもある。付近に神紋の印が押される場合もある。
❺日付 参拝した日付が書かれている。日付の近くに神社名を刻んだ朱印を押す神社もある。

お寺の御朱印

浅草寺の御朱印

❶奉拝 神社と同じく、「謹んで参拝する」という意味。「奉納」と記す場合や無記入の寺もある。
❷押印 坂東札所十三番を示す札所番号の印が押されている。山号や俗称、社格などが押される場合もある。
❸山号 寺院名の前に付く称号。浅草寺の場合は金龍山。
❹梵字 梵字とは梵語(サンスクリット語)の文字。お寺の御本尊である聖観音を1文字で表している。
❺御本尊名・お堂名 御本尊やお堂の名前が中央に大きく墨書きされる。御本尊の別称の場合もある。
❻三宝印・御宝院 仏、法、僧が仏教の3つの宝であることを示す三宝印、御本尊を梵字で表した御宝印など。
❼日付 参拝した日付。未記入の場合もある。
❽寺号 お寺の名前が左下などに墨書きされる。
❾押印 寺号の墨書きととも寺号の朱印が押される。